DESEMPLEO ARTIFICIAL

Los empleos en tiempos de la Inteligencia Artificial y los efectos de la disrupción tecnológica en la humanidad

Ricky Santa Cruz

Copyright © 2024 Ricky Santa Cruz

Todos los derechos reservados.

ISBN: 9798322799719

Contenido

Prólogo

Capítulo 1: La disrupción tecnológica en el quehacer humano
    1.1 El fenómeno de la disrupción tecnológica
    1.2 La inteligencia artificial y su creciente impacto

Capítulo 2: ¡Esto ya ha pasado antes! Revoluciones Industriales y sus efectos
    2.1 El cambio de la actividad humana (1ra Revolución Industrial)
    2.2 La transformación de la mano de obra (2da Revolución Industrial)
    2.3 Automatización y Tecnología (3ra Revolución Industrial)
    2.4 ¿Qué aprendimos de las transformaciones tecnológicas pasadas?

Capítulo 3: La Revolución Digital (4a Revolución Industrial)
    3.1 Digitalización, conectividad y convergencia tecnológica
    3.2 Automatización y robotización en sectores económicos
    3.3 La Inteligencia Artificial como motor del cambio
    3.4 El impacto de la I.A. en la fuerza laboral y los empleos

Capítulo 4: El Desempleo Tecnológico
    4.1 La brecha de habilidades y la adaptación a nuevos trabajos
    4.2 Anexo: Algunos sectores y casos
    4.3 Nuevas oportunidades laborales en la era tecnológica

Capítulo 5: La educación en la era de la disrupción tecnológica
    5.1 La importancia de la educación continua
    5.2 Navegando en el Nuevo Mercado Laboral

Capítulo 6: El papel del gobierno y las políticas públicas
    6.1 Gobiernos como Árbitros
    6.2 Gobiernos como Facilitadores

Capítulo 7: Ética y responsabilidad en el desarrollo de la IA
    7.1 Los desafíos éticos de la IA en el ámbito laboral y social
    7.2 Desigualdad económica y el desafío de la distribución de la riqueza
    7.3 La equidad y transparencia en la aplicación de la IA

Capítulo 8: Repensando la relación entre trabajo y bienestar
        8.1 El significado del trabajo en la vida de las personas
        8.2 Colaboración entre humanos y máquinas
        8.3 La importancia de la inteligencia emocional y habilidades interpersonales
        8.4 Las nuevas formas de equilibrar el bienestar personal y laboral

Capítulo 9: Reflexiones finales
        9.1 La temida I.A.
        9.2 El entorno corresponsable
        9.3 Enfrentando al Ciclo de Cambio

Referencias y Bibliografía
Glosario

Dedicatoria

Dedicado a todas las personas que cada día se levantan temprano a trabajar para buscar el sustento necesario, con el ánimo, motivación y con la esperanza de mejorar sus vidas y las de los suyos. Este libro está dedicado especialmente a ustedes.

Sinceramente espero que esta obra les sirva como una guía muy básica, como un faro de reflexión y que pueda abrir debates, invitándonos a considerar los cambios, las complejidades éticas y sociales que emergen en este nuevo escenario laboral.

Ojalá encuentren en estas páginas inspiración para enfrentar sus desafíos con determinación y sabiduría, porque sin duda el esfuerzo cotidiano merece ser reconocido y valorado.

Prólogo

El sol se oculta tras los edificios, pintando el cielo de tonos dorados y naranjas. Las calles están repletas de vehículos y las aceras llenas de personas apresuradas, muchas sumergidas en sus dispositivos mientras avanzan hacia sus trabajos o quizás a algún otro destino. La ciudad bulle con la constante actividad humana. Sin embargo, a medida que caminamos por estas calles llenas de vida, debemos enfrentar la sombría realidad que se cierne sobre nosotros: el futuro.

El futuro es un concepto que siempre nos ha intrigado y fascinado, un territorio desconocido en el que nos aventuramos con esperanza y temor en partes casi iguales. Sin embargo, ciertos aspectos del porvenir nos inquietan más que otros, y uno de ellos es nuestro desarrollo económico y, naturalmente, el ámbito laboral.

En los últimos años, hemos sido testigos de una revolución tecnológica sin precedentes. La tecnología avanzada ha transformado cada aspecto de nuestras vidas, desde la forma en que nos comunicamos hasta cómo realizamos nuestras tareas diarias. Pero con estos avances han surgido preocupaciones cada vez mayores sobre su impacto presente y futuro en el empleo humano.

Según la automatización, los algoritmos informáticos y hasta los robots se vuelven más sofisticados y están incursionando en campos exclusivos para humanos. Trabajos que antes se consideraban seguros y estables, con empleados que duraban décadas realizándose, ahora están en riesgo de desaparecer por completo. La idea de que la tecnología, y aún más, la creciente disrupción de la inteligencia artificial, puedan reemplazar a los trabajadores humanos en una amplia gama de industrias y roles laborales, es una preocupación que resuena cada vez más en todo el mundo.

La automatización y la robotización apalancada con tecnología e inteligencia artificial se han convertido en parte de nuestra vida cotidiana, y con ellas ha surgido este fenómeno que nos inquieta a la mayoría: el desempleo masivo, al cual en esta obra llamaremos "Desempleo Artificial", ya que se enmarca en la más reciente revolución tecnológica e industrial, considerada por muchos expertos como la cuarta de su tipo en nuestra historia industrial.

Imaginemos un futuro, quizás no muy lejano, en el que la mayoría de los trabajos sean realizados por máquinas y tecnología. Grandes almacenes y tiendas sin cajeros, fábricas sin obreros, hospitales sin enfermeros, donde la eficiencia y la productividad alcanzan niveles de crecimiento sin precedentes, pero muy posiblemente a costa de desplazar y desemplear a un gran número de personas.

Esta realidad se ha convertido en tema de conversación en todo el mundo y en múltiples aspectos de la sociedad. Los expertos debaten posibles soluciones, los gobiernos enfrentan un desafío monumental porque este fenómeno alcanza prácticamente todos sus ámbitos de influencia y función y la sociedad se divide entre quienes confían en que la inteligencia artificial nos brindará un futuro mejor y una mayoría que teme por su propia supervivencia laboral.

Sin embargo, antes de sumergirnos en el panorama futuro del desempleo, es esencial visitar, conocer y reflexionar sobre nuestro pasado, recordar que la humanidad ha enfrentado desafíos similares en el pasado. Desde la Revolución Industrial hasta la era de la automatización, hemos visto cómo la tecnología ha transformado radicalmente la forma en que vivimos, nos organizamos y, por supuesto, trabajamos. En cada etapa, sin minimizar su impacto y los profundos cambios que trajo consigo, hemos sido capaces de adaptarnos y superar las dificultades que surgieron, llevando nuestra sociedad a un siguiente nivel.

En este libro, exploramos las diferentes perspectivas sobre el empleo y el desempleo en el futuro, y cómo la tecnología y el uso de la inteligencia artificial ya están transformando nuestro mundo laboral y cómo lo cambiarán aún más. La obra no se trata de un estudio académico ni de una predicción precisa, sino de un viaje a través de hechos y ejemplos que nos permitirán comprender mejor las implicaciones de esta nueva revolución tecnológica.

Conoceremos algunos casos donde algunos trabajadores fueron reemplazados por máquinas o nuevos procesos tecnológicos en nuestra evolución como sociedad, y de aquellos que supieron adaptarse y encontrar oportunidades en este panorama cambiante.

Revisaremos las más relevantes preocupaciones éticas y sociales que surgen en este nuevo escenario laboral y nos preguntaremos qué significa ser humano en un mundo cada vez más dominado por la tecnología y la inteligencia artificial.

Espero que este libro sea un punto de partida para la reflexión y el debate, que nos ayude a entender los desafíos en nuestros roles profesionales y laborales, y a buscar oportunamente soluciones y alternativas que nos permitan equilibrar el avance tecnológico con el bienestar de nuestra humanidad. Parte importante de ese futuro ya está aquí, y depende de nosotros decidir cómo lo enfrentaremos.

El Autor

Capítulo 1:

La disrupción tecnológica en el quehacer humano

Hoy, nuestra existencia está en una vorágine de avances tecnológicos que han transformado nuestra realidad y han reconfigurado nuestra forma de concebir el mundo, nuestras interacciones y, en última instancia, nuestra identidad como individuos. La omnipresencia de dispositivos móviles y las prolongadas horas frente a las pantallas de las computadoras no son meros hábitos, sino manifestaciones tangibles de cómo la tecnología se ha integrado de manera íntima en los tejidos mismos de nuestra vida cotidiana.

Al remontarnos al devenir histórico de la humanidad, constatamos que la disrupción tecnológica, entendida como la introducción de innovaciones capaces de alterar de manera significativa los procesos y modelos establecidos, ha sido constante. Sin embargo, lo que distingue a la época actual es la velocidad vertiginosa con la que estas transformaciones se están sucediendo. Este rápido ritmo de cambio se atribuye, en gran medida, a la convergencia de diversas disciplinas científicas y tecnológicas, con avances destacados en campos como la ciencia, la ingeniería y, sobre todo, la informática, donde la inteligencia artificial (IA) ha emergido como una fuerza impulsora clave.

En este contexto, resulta imperativo explorar de manera más detallada cómo esta acelerada disrupción tecnológica ha dejado una impronta profunda en el tejido mismo de la sociedad, focalizando nuestra atención en el ámbito laboral. Las dinámicas tradicionales de empleo se han visto sacudidas por este fenómeno, y las profesiones, antes consideradas seguras, se ven ahora amenazadas por la automatización y la inteligencia artificial. Este capítulo se embarca en un viaje exploratorio para desentrañar cómo estos cambios tecnológicos han redefinido no solo la naturaleza de nuestro trabajo, sino también las habilidades y aptitudes requeridas en el paisaje laboral contemporáneo.

1.1 El fenómeno de la disrupción tecnológica

La disrupción tecnológica no es un concepto nuevo. Desde la invención de la rueda hasta la Revolución Industrial, la humanidad ha sido testigo de cambios tecnológicos que han redefinido la forma en que producimos bienes y servicios. Sin embargo, en las últimas décadas, la velocidad de innovación se ha incrementado exponencialmente. La era digital y la conectividad global han facilitado la difusión y adopción de nuevas tecnologías en tiempo récord, lo que ha llevado a una disrupción más frecuente y generalizada en diversos sectores económicos.

Si consideramos el impacto que esto conlleva en el empleo, la introducción de tecnologías avanzadas, como la automatización y la IA, ha generado un debate acalorado sobre su efecto en distintos tipos de empleo. Por un lado, estas innovaciones han mejorado la eficiencia en la producción, han dado lugar a nuevos productos y servicios y han estimulado el crecimiento económico, creando oportunidades laborales en industrias emergentes. Por otro lado, también han provocado la desaparición de ciertos empleos tradicionales y han planteado desafíos para los trabajadores que necesitan adaptarse a nuevas habilidades y roles.

La automatización y la IA han demostrado ser especialmente disruptivas en trabajos que implican tareas repetitivas y rutinarias. Máquinas y algoritmos pueden realizar estas tareas de manera más rápida y precisa que los humanos, lo que ha llevado a la sustitución de trabajadores en industrias como la manufactura, la logística y el servicio al cliente. A medida que la IA continúa avanzando, se prevé que también impactará trabajos más complejos que requieren análisis de datos y toma de decisiones, como en el sector financiero y la atención médica.

Ante el desplazamiento de ciertos trabajos por la automatización y la IA, surge el desafío de la reconversión laboral. Los trabajadores afectados por la disrupción tecnológica deben adquirir nuevas habilidades para sobrevivir laboralmente y poder acceder a las oportunidades emergentes. La educación y la capacitación continua se convierten en pilares fundamentales para facilitar esta transición. Sin embargo, esto no es solo responsabilidad de los trabajadores, ya que los gobiernos, las empresas y las instituciones educativas tienen un papel crucial en desarrollar programas de formación que se ajusten a las demandas del mercado laboral en constante evolución.

Además de la reconversión laboral, también se plantea la cuestión de cómo garantizar que la disrupción tecnológica beneficie a toda la sociedad. La desigualdad económica puede agravarse si solo unos pocos se benefician del progreso tecnológico mientras otros quedan marginados. Esto hace esencial implementar políticas y mecanismos que promuevan una distribución más equitativa de la riqueza generada por la tecnología, aunque no sin el riesgo de que se use con fines e intereses políticos.

1.2 La inteligencia artificial y su creciente impacto

Hemos observado cómo la inteligencia artificial (IA) ha emergido como una de las tecnologías más disruptivas y transformadoras de la era moderna. Su creciente influencia en la sociedad actual ha impactado diversos aspectos de nuestras vidas, desde cómo interactuamos con la tecnología hasta cómo se toman decisiones en áreas cruciales como la medicina e industria. Pero también se puede apreciar el auge de la inteligencia artificial en la vida cotidiana.

En la última década, hemos sido testigos del rápido avance de la inteligencia artificial en la vida cotidiana. Desde asistentes virtuales tan comunes en nuestros dispositivos móviles hasta el uso de algoritmos de aprendizaje automático en plataformas de entretenimiento y redes sociales, la IA se ha infiltrado en gran medida en nuestras rutinas diarias. Estos sistemas de IA se basan en el procesamiento del lenguaje natural y en el aprendizaje automático, lo que les permite comprender y responder a las necesidades de los usuarios de manera cada vez más personalizada y eficiente.

Además, la IA ha encontrado aplicaciones en áreas como el transporte, la medicina y la educación. Los automóviles autónomos, impulsados por la IA y la percepción computacional, prometen revolucionar la movilidad y mejorar la seguridad vial. En la medicina, la IA ha demostrado su capacidad para diagnosticar enfermedades con mayor precisión y velocidad, lo que podría llevar a tratamientos más efectivos y personalizados. También ha habido algunos avances en la educación, donde la IA se utiliza para adaptar el contenido educativo a las necesidades individuales de los estudiantes.

Pero ese crecimiento de la IA también ha planteado a nuestras sociedades una serie de desafíos éticos y sociales. Uno de los desafíos más destacados es el sesgo inherente en los datos utilizados para entrenar los algoritmos de IA. Si los datos utilizados reflejan prejuicios sociales o discriminación, los sistemas de IA pueden perpetuar estos sesgos y generar decisiones injustas o discriminatorias. Garantizar la equidad y la imparcialidad en los sistemas de IA se ha convertido en una preocupación importante para los desarrolladores y los responsables políticos.

La IA también ha planteado importantes preguntas sobre la privacidad y la seguridad de los datos. Con la recopilación y el análisis de grandes cantidades de información personal, existe el riesgo de que la privacidad de los individuos se vea comprometida. Es necesario establecer marcos regulatorios y prácticas transparentes para proteger la privacidad de los usuarios y garantizar el uso responsable de los datos.

Volviendo al punto del impacto de la IA en el empleo y la economía, vemos que es un tema ampliamente discutido. Si bien la automatización impulsada por la IA ha mejorado la eficiencia y la productividad en muchas industrias, también ha llevado a la desaparición de ciertos trabajos tradicionales. Los trabajadores que realizan tareas rutinarias y repetitivas son los más vulnerables a ser reemplazados por sistemas de IA y robótica avanzada.

También es importante considerar que la IA ha creado oportunidades laborales en áreas emergentes, como la ciencia de datos, la inteligencia artificial y el aprendizaje automático. Estas nuevas profesiones requieren habilidades técnicas y analíticas especializadas y han experimentado una creciente demanda en el mercado laboral.

La colaboración entre humanos y máquinas es otra perspectiva sobre el impacto de la IA. En lugar de ver a la IA como una amenaza para el empleo, se puede adoptar una visión en la que las máquinas y los humanos trabajen juntos en armonía. La IA puede realizar tareas repetitivas y tediosas, liberando a los humanos para centrarse en trabajos que requieran habilidades únicas y creatividad. La combinación de la inteligencia humana con la capacidad de procesamiento y análisis de datos de la IA tiene el potencial de impulsar la innovación y el progreso en diversas industrias.

Más adelante profundizaremos en cómo, ante los desafíos y riesgos que plantea la IA, es esencial establecer un marco ético y de gobernanza sólido para su desarrollo y uso. Los gobiernos, las empresas y las organizaciones deben trabajar juntos para establecer normas y regulaciones que protejan los derechos y la privacidad de las personas y las organizaciones y garantizar la equidad y transparencia en el diseño y despliegue de sistemas de IA. La ética de la IA también implica abordar cuestiones más complejas, como la toma de decisiones autónoma y la responsabilidad en caso de errores o consecuencias negativas. Es fundamental considerar los impactos sociales, económicos y éticos de la IA a medida que esta tecnología continúa evolucionando e integrándose cada vez más en nuestras vidas.

Capítulo 2:

¡Esto ya ha pasado antes! Revoluciones Industriales y sus efectos

Para comprender el impacto que ha tenido el desarrollo de las nuevas tecnologías en la historia de la humanidad, especialmente para establecer similitudes con ciertas circunstancias actuales del siglo XXI y la llegada de la cuarta revolución tecnológica, es imprescindible profundizar en los hechos que acompañaron las revoluciones industriales previas. Estos eventos, que en primera instancia pueden parecer obvios y familiares, han marcado las distintas etapas de las revoluciones industriales y sus variantes. Al retroceder en el tiempo, comprenderemos el conjunto de situaciones, contextos, eventos y, sobre todo, su impacto, y cómo algunos trabajadores lograron sobrellevarlos e incluso enfrentarlos de manera positiva.

Es fundamental definir el concepto de "Revolución" antes de adentrarnos en el análisis. De manera sencilla, podemos describirlo como un cambio o transformación radical que se produce en un período de varios meses o años y afecta a diversas regiones geográficas, teniendo un impacto simultáneo en varios aspectos de la vida humana, como lo social, económico, cultural y político.

Sin embargo, los expertos y autores aún debaten cuántas Revoluciones Industriales han ocurrido hasta la fecha. Algunos sostienen que se han producido tres revoluciones industriales y tecnológicas en los últimos dos siglos, y que la cuarta estaría ocurriendo en el siglo XXI. Otros, segmentando los eventos y profundizando aún más en sus consecuencias, argumentan que se han experimentado cuatro revoluciones industriales y que la actual sería la quinta.

En esta obra, nuestro objetivo principal es comprender cómo estas transformaciones impactan en nuestras vidas, en particular, cómo afectan a nuestras fuentes de trabajo y empleos como medio del progreso. No entraremos en debates sobre cuál postura es la más acertada, sino que nos centraremos en entender la naturaleza de los principales hechos que ocurrieron durante las revoluciones industriales previas y buscar similitudes en sus causas y efectos en comparación con nuestra realidad actual y sus posibles efectos en los ámbitos laboral, económico y social.

2.1 El cambio de la actividad humana (1ra Revolución Industrial)

Antes de la Revolución Industrial, la mayoría de las personas trabajaban en la agricultura y la artesanía, empleos principalmente rurales basados en la producción agrícola y la fabricación de bienes a pequeña escala.

En las áreas rurales, la agricultura era la principal fuente de empleo, con técnicas tradicionales transmitidas de generación en generación. En los entornos urbanos, la artesanía era importante, con trabajadores habilidosos en carpintería, herrería, cerámica, sastrería y fabricación de herramientas.

En general, el empleo antes de la Revolución Industrial estaba descentralizado, basado en la producción local para satisfacer necesidades básicas. Las personas dependían en gran medida de su propias habilidades y trabajo autónomo para su sustento, y la producción se realizaba en muy pequeña escala.

Sin embargo, con la llegada de la Revolución Industrial, se produjo una transformación significativa en el empleo y la economía. La introducción de maquinaria e industrialización condujo a la mecanización de la producción, la concentración de la mano de obra en fábricas y el crecimiento de las ciudades. Esto marcó un cambio fundamental en la forma en que las personas trabajaban y vivían.

Quizás el hito que cambió el panorama fue que, a finales del siglo XVIII, el inventor británico James Watt desarrolló una versión mejorada de la máquina de vapor, que permitía un uso más eficiente de la energía.

Esta nueva máquina de vapor de J. Watt fue una versión mejorada de la máquina de vapor original, inventada por Thomas Newcomen hacia el 1712. Watt mejoró la eficiencia de la máquina de vapor mediante la introducción de un mecanismo de doble acción e incorporar un condensador separado que permitía que el vapor se condensara sin enfriar el cilindro de la máquina, lo que mejoraba aún más su eficiencia. Con estas mejoras, la máquina de vapor de Watt se convirtió en una fuente de energía práctica y eficiente para la industria, y se usó para alimentar la maquinaria existente de casi todas las fábricas de la época y también para impulsar transportes como barcos y trenes, lo que complementará el ecosistema productivo y logístico de entonces.

La primera Revolución Industrial comenzó en Gran Bretaña en la segunda mitad del siglo XVIII y se extendió a otras partes de Europa y a los Estados Unidos en el siglo XIX (1760-1840). La producción en masa y la eficiencia de la producción mejoraron dramáticamente debido a la introducción de la maquinaria, la división del trabajo y la organización de la producción en fábricas.

Un ejemplo representativo de este proceso de cambio fue la Industria Textil. Antes de la Revolución Industrial, la producción textil se basaba en la manufactura doméstica de tipo artesanal, donde los trabajadores realizaban todas las etapas del proceso de producción y era un trabajo que se transmitía de padres a hijos. La mayoría de los trabajadores eran artesanos y trabajaban con herramientas manuales, lo que lógicamente limitaba la cantidad de productos que podían producir.

La demanda de textiles fue aumentando durante el auge del comercio internacional que acompañaba el colonialismo, lo que llevó a la importación de textiles baratos desde Asia y América. Esto afectó negativamente a la industria textil de entonces y muchos artesanos textiles locales perdieron su fuente de ingresos. A medida que la población crecía y las ciudades se expandían, la manufactura doméstica se volvió cada vez menos eficiente para satisfacer la creciente demanda de textiles.

Fue en este contexto en el que se desarrollaron las innovaciones tecnológicas que llevaron a la Revolución Industrial, y la industria textil fue una de las primeras en beneficiarse de estas innovaciones. Con la introducción de máquinas como la "Spinning Jenny" de James Hargreaves y la "Power Loom" de Edmund Cartwright, se logró una producción más rápida y eficiente de tejidos. Estas innovaciones permitieron una producción en masa de textiles, lo que condujo a una disminución de los costos de producción y a un importante aumento en la oferta de productos textiles para cubrir la mencionada demanda de prendas. Así la industria textil creció rápidamente y se convirtió en una de las industrias más importantes de entonces.

Pero fue sin duda el surgimiento y masificación de estas fábricas lo que cambió, incluso el paisaje visual de los centros productivos de entonces. La producción en masa requería de grandes espacios para albergar tanto a la maquinaria como por supuesto a los trabajadores. Con esto, las modernas fábricas se convirtieron en la forma predominante de producción en la industria textil, pero fue un concepto que rápidamente se replicó al resto de industrias y sectores.

Pero no sólo hubo cambios en las manufacturas. Durante la primera revolución industrial, la agricultura también experimentó una serie de cambios importantes que llevaron a una mayor producción y eficiencia. Esto se debió en gran parte a la introducción de nuevas tecnologías y técnicas de producción aplicadas en la agricultura.

Uno de los principales impulsores del cambio fue la rotación de cultivos, una técnica agrícola que hasta hoy consiste en alternar los cultivos en el mismo campo para reducir el agotamiento del suelo. Esta técnica fue desarrollada en Gran Bretaña en el siglo XVIII y permitió un uso más eficiente de la tierra, lo que llevó a una mayor producción de alimentos.

Otro factor importante fue la mejora de las herramientas agrícolas, como los arados, que se hicieron más eficientes y permitieron una mayor productividad en el campo. También se desarrollaron nuevas técnicas de siembra y cultivo, como la siembra a voleo y la siembra directa, que permitieron una mayor eficiencia en la siembra y luego en la cosecha.

Además, durante los años de esta primera revolución industrial se produjo una mayor urbanización, lo que llevó a un aumento de la demanda de alimentos. Lógicamente, para satisfacer esta mayor demanda, los agricultores tuvieron que aumentar su producción y hacerla cada vez más eficiente.

Ahora sabemos con mayor certeza que, la introducción de estas nuevas tecnologías, como la máquina de vapor y la locomotora, permitió una mayor eficiencia en el transporte de productos agrícolas y manufacturas desde las zonas rurales a las zonas más urbanas y viceversa, lo que permitió que los agricultores y distintos productores tuvieran acceso a nuevos mercados y pudieran vender sus productos, también a precios más competitivos. Pero pensemos en la incertidumbre y temor que estos cambios representaron para la mayoría de la población, que veía cómo su entorno cambiaba mucho en la forma de hacer las cosas, en lo demográfico y hasta en el paisaje de los centros poblados.

Muchos de los trabajadores de su época, en particular los artesanos, sintieron miedo ante la llegada de las máquinas, ya que temían acertadamente que estas nuevas tecnologías pudieran reemplazar sus habilidades y puestos de trabajo. La automatización de procesos productivos amenazó sus empleos y su seguridad económica. Los agricultores también experimentaron gran miedo, especialmente cuando las nuevas técnicas agrícolas y la mecanización reemplazaron la necesidad de mano de obra agrícola en ciertas áreas. Muchos de ellos se vieron forzados a emigrar, abandonando sus tierras y buscando empleo en las crecientes ciudades industriales.

Lógicamente algunos trabajadores agrupados informalmente intentaron resistir la introducción de las nuevas tecnologías y el uso de la maquinaria. Organizaron protestas y huelgas para presionar por mejores condiciones laborales y para frenar el avance de la inminente industrialización. Estos individuos, llevaron a cabo una serie de actos de resistencia que se conocieron como el Ludismo.

Los Luditas fueron reconocidos como un grupo de obreros y artesanos, principalmente provenientes del rubro textil, que surgieron a principios del siglo XIX a raíz del creciente descontento de los empleados en las fábricas manufactureras de la región de los Midland de Inglaterra, donde predominaban los comercios de tejido de lana, algodón y medias. Para dimensionar su alcance, en esos años había alrededor de 30.000 bastidores de tejido en toda Inglaterra, y cerca de 25.000 de estos estaban ubicados en dicha zona.

El origen que da nombre al movimiento se derivó de Ned Ludd, un personaje legendario localmente que se creía fue el precursor del movimiento entonces. Sin embargo, la historia de Ned Ludd es en gran medida una mezcla de realidad y mito, y la información disponible sobre su vida es bastante vaga o limitada

Se cree que Ned fue un trabajador textil inglés que vivió a finales del siglo XVIII y según los cuentos legendarios, traspasados de boca en boca por los habitantes de la región, quienes además de otorgarle un contexto casi heroico, sostuvieron que en al año 1779, este trabajador, en un acto de rabia y frustración hacia su patrón, causado por las ya mencionadas condiciones laborales y efectos de la mecanización industrial, destruyó dos de los telares demostrando un arranque de ira, lo que causó gran asombro entre los trabajadores y conmoción entre los dueños de fábricas de entonces.

Rápidamente, el incidente en el que Ludd supuestamente destruyó las máquinas textiles se convirtió en un comentado símbolo de la resistencia de los trabajadores para enfrentar la mecanización y el avance tecnológico que estaba transformando la industria. Aunque no se tienen pruebas concretas de la existencia de este personaje, su nombre se hizo famoso y se convirtió en el epónimo del movimiento Ludita.

Se reconoce como primera mención de los Luditas, como un movimiento social, a la que se produjo en Nottingham en 1811, cuando un grupo de trabajadores textiles rompió las máquinas de un fabricante local. Desde entonces, el movimiento se extendió por todo el país y se convirtió en un fenómeno social y político importante, especialmente en las zonas textiles y manufactureras del norte de Inglaterra.

El movimiento también fue visto como una amenaza para el orden social establecido y para la seguridad nacional. Los Luditas actuaban en secreto, organizando ataques a las fábricas y destruyendo la maquinaria que consideraban responsable de su miseria. Las acciones se consideraron un acto de rebelión contra el poder establecido y provocaron una respuesta violenta de las autoridades. De hecho, el gobierno británico promulgó leyes para proteger la propiedad industrial y castigar a los responsables de destruir máquinas. La Frame Breaking Act de 1812 estableció la pena de muerte para quienes destruyeran maquinaria industrial. Esta legislación represiva buscaba detener el crecimiento del movimiento y disuadir a otros trabajadores de unirse a sus filas.

Como anécdota asociada, en su segunda lectura en la Cámara de los Lores, el conocido poeta y activista social Lord Byron se pronunció en contra del proyecto de ley, argumentando que el valor de la vida se situaba en "algo menos que el precio de un marco de calcetines". Sin embargo, bajo la profunda presión de los principales empresarios manufactureros de la época, esta ley finalmente se aprobó.

Sin perjuicio de esta ley, el Ludismo, marcado por la resistencia de los trabajadores a la Revolución Industrial, sentó las bases para futuros movimientos sindicales. A medida que la industrialización avanzaba, los trabajadores se organizaron en sindicatos, inspirados en la solidaridad Ludita. La Grand National Consolidated Trades Union fue uno de los primeros sindicatos importantes en Inglaterra, aunque enfrentó desafíos internos y externos. Estos sindicatos no sólo abogaron por mejores condiciones laborales, sino también por derechos políticos, allanando el camino para reformas sociales y políticas en el siglo XIX. Su surgimiento impactó profundamente en las relaciones laborales y la configuración política y social de la época.

Los Luditas, cuestionaron el modelo de desarrollo económico vinculado al avance tecnológico. Su lucha planteó interrogantes sobre los verdaderos beneficios de la tecnología en la sociedad. Se debate si fueron enemigos del desarrollo industrial o una resistencia al proceso laboral. Más adelante exploraremos semejanzas entre los Luditas del siglo XIX, grupos opositores a nuevas tecnologías, examinando su impacto en el progreso y el empleo, pero especialmente dar una mirada de estos opositores en la era de la Inteligencia Artificial y la revolución tecnológica actual.

Finalmente, para entender los alcances de esta disrupción causada por la tecnología y vivida durante la primera revolución industrial, repasemos algunos de los aciertos y desafíos que esta trajo.

Aciertos:

La Primera Revolución Industrial trajo consigo una serie de beneficios notables. Hubo una creciente innovación tecnológica, impulsada por máquinas textiles, energía hidráulica y la máquina de vapor. Estas invenciones transformaron la producción de bienes y servicios, permitiendo tareas más rápidas y menos errores.

Además, se experimentó un impresionante aumento de la producción gracias a nuevas tecnologías y técnicas en la agricultura y la industria manufacturera. Esto ayudó a satisfacer la creciente demanda de una población en crecimiento.

La Revolución Industrial también mejoró la eficiencia en la producción, lo que permitió a las empresas producir más bienes a menor costo. Esto llevó a un crecimiento económico sostenido.

La creación de empleos fue otra consecuencia beneficiosa, ya que se necesitaban más trabajadores para producir más bienes. Esto llevó a una mayor movilidad social, donde las personas tenían más oportunidades de mejorar su estatus socioeconómico.

Esta llamada movilidad social durante la primera revolución industrial fue un tema muy relevante, ya que este período de cambio económico y tecnológico transformó también la forma en que la sociedad estaba estructurada. Por ejemplo, las fábricas necesitaban trabajadores para operar las nuevas máquinas, y muchas personas de origen humilde encontraron trabajo en estas fábricas. A medida que adquirían nuevas habilidades y experiencia en la industria manufacturera, estos trabajadores tenían la oportunidad de ascender en la escala laboral y percibir mejores salarios.

Pero también es importante señalar que esta movilidad social no fue por igual para todos. Las oportunidades y los obstáculos que enfrentó cada persona dependieron en gran medida de factores como la clase social de origen, el género, la raza y también dada por la ubicación geográfica. Además, muchas personas que trabajaban en la industria manufacturera enfrentaban condiciones laborales duras y peligrosas, lo que limitaba sus oportunidades de ascenso social como vamos a ver a continuación.

Desafíos:

la Primera Revolución Industrial marcó un periodo de transformaciones significativas en la historia laboral, pero a expensas de condiciones laborales desfavorables y salarios ínfimos en las fábricas, en contraste con la producción artesanal anterior.

Las fábricas presentaban condiciones insalubres, caracterizadas por espacios reducidos y falta de ventilación, propiciando el surgimiento de enfermedades como la tuberculosis, el cólera y la fiebre tifoidea. Aquellos expuestos al plomo, utilizado en la fabricación de pinturas y cerámicas, padecían serios problemas de salud. La silicosis, enfermedad pulmonar originada por la exposición al polvo de sílice en minas y fábricas, también era frecuente. Además, la evidente ausencia de medidas de seguridad adecuadas en las fábricas resultó en accidentes laborales comunes, sin atención médica ni compensación para los trabajadores.

La falta de regulaciones laborales adecuadas creó un escenario de alto riesgo y desafíos para la seguridad y salud de los trabajadores en las fábricas.

Las jornadas laborales prolongadas, a menudo de 12 a 16 horas al día, seis o siete días a la semana, resultaban agotadoras. La explotación del trabajador prevaleció, ya que los empleadores se aprovechaban de la falta de regulaciones laborales para pagar salarios bajos y exigir largas jornadas sin descansos adecuados. Peor aún, el trabajo infantil era común durante este periodo. Niños de tan solo seis o siete años eran empleados en tareas que requerían poca habilidad, como limpiar maquinaria o recoger hilos. También se les asignaban trabajos más peligrosos, como en las minas o en las fábricas textiles, donde enfrentaban jornadas largas y condiciones insalubres. Los niños que laboraban en estas condiciones sufrían lesiones y enfermedades, y recibían salarios irrisorios, obligando a muchas familias a sacrificar la educación de sus hijos en favor del trabajo.

Además de las condiciones laborales y de salud, también se enfrentaron desafíos en la Transición Laboral, pues la transformación de la economía de una sociedad agraria a una de manufactura y producción en masa generó una creciente demanda de trabajadores no cualificados. Con la introducción de maquinaria avanzada, la revolución trajo consigo una transición del trabajo manual al mecanizado, aumentando una nueva demanda de mano de obra especializada en la operación y mantenimiento de máquinas.

Naturalmente y a la par surgió una competencia desleal, que se convirtió en una preocupación adicional de los trabajadores, pues estos temían que sus empleadores contratasen a trabajadores de otras regiones a menores costos, lo que afectaría sus salarios y su estabilidad laboral.

Estos cambios en la producción también impulsaron la urbanización, atrayendo a personas desde áreas rurales hacia las incipientes ciudades industriales que mostraban un rápido crecimiento. La formación de una clase obrera urbana se hizo evidente, marcando el surgimiento de una nueva dinámica social. A medida que las estructuras familiares se veían alteradas, con niños empleados en fábricas, las tradiciones familiares de entonces también experimentaron transformaciones.

El cambio en la estructura económica y social incentivó la conciencia sobre la importancia de la capacitación, aunque de manera gradual. La necesidad de habilidades específicas en una economía industrializada se hizo más evidente. Esto no solo redefinió los métodos de producción, sino que también dio forma a nuevas estructuras sociales y laborales, marcando el inicio de la sociedad moderna.

2.2 La transformación de la mano de obra (2da Revolución Industrial)

La Segunda Revolución Industrial fue un período de transformación radical que tuvo lugar a finales del siglo XIX y principios del siglo XX. Estuvo marcado por una serie de avances tecnológicos y cambios socioeconómicos, lo que hizo que este período revolucionario dejara una huella duradera en la sociedad y en la política.

Sin ánimo de tocar la fibra política o ideológica del lector, podemos mencionar que a esta Segunda Revolución Industrial se le denomina también la "Era del Capitalismo Financiero", principalmente porque su protagonismo económico lo desarrollaron los bancos, incluso por encima de los empresarios industriales y los incipientes grupos empresariales. Algunos autores destacados también le dieron a este periodo el nombre de la "Era del Gran Capitalismo".

La Segunda Revolución Industrial tuvo sus raíces en el contexto histórico y gracias a los avances tecnológicos que ocurrieron en Europa y Estados Unidos durante el siglo XIX, fue entonces cuando surgió el motor de las sociedades.

Varios factores contribuyeron a su surgimiento, pero no hay duda de que la Primera Revolución Industrial fue el eslabón inicial y sentó las bases sólidas para la Segunda Revolución Industrial al establecer las primeras fábricas y sistemas de producción en serie. Sin embargo, fue durante la segunda mitad del siglo XIX cuando se produjeron los más destacados avances tecnológicos clave que impulsaron esta segunda fase y el gran impulso de la revolución industrial.

Durante el período de la segunda revolución industrial, se experimentó una explosión de avances e innovación tecnológica en diversos campos. Al revisar estos lanzamientos, notamos que muchos de ellos son ahora comunes en nuestra cotidianidad, y la mayoría los aceptamos sin pensar. No obstante, en su momento, estos avances fueron considerados verdaderos monstruos que generaban inquietud entre los trabajadores de la época al ser implementados en la producción, ya que amenazaban con desplazar sus funciones laborales. Asimismo, resulta crucial examinar el impacto social e incluso político que generaron estos avances, a fin de apreciar posibles similitudes con los recientes desarrollos en automatización e inteligencia artificial.

Principales avances e innovación tecnológica:

Algunos de los avances más destacados de esta fase incluyeron la expansión y masificación de usos de la máquina de vapor de James Watt, creada durante la revolución inicial. Ya sabemos que una de las primeras aplicaciones exitosas de la máquina de vapor de Watt fue en la industria textil, donde fue posible mecanizar los procesos de hilado y tejido, lo que permitió un aumento significativo en la producción de textiles. Luego, también se masificó en la minería, donde fue fundamental para el drenaje de las minas de carbón. Antes de su invención, el agua subterránea era una gran dificultad en la minería, pero la máquina de vapor permitió bombear el agua de manera eficiente, lo que facilitó la extracción de carbón y contribuyó al crecimiento de la industria minera.

La máquina de vapor continuó su expansión y se aplicó también en la industria del transporte, donde se usó en locomotoras para el transporte ferroviario, lo que permitió expandir las redes ferroviarias y conectar regiones distantes. También se utilizó en barcos de vapor, lo que revolucionó la navegación y facilitó el transporte de mercancías y pasajeros de manera más rápida y eficiente.

La masificación de la máquina de vapor de Watt tuvo un impacto tan profundo en la sociedad y la economía de la época, porque permitió una mayor producción industrial, impulsó la expansión de las industrias manufactureras y transformó la forma en que se realizaban las tareas cotidianas. Además, contribuyó al crecimiento de las ciudades y al surgimiento de centros industriales, generando nuevas oportunidades laborales y desplazando a los trabajadores hacia los centros urbanos.

Otra destacada innovación por el lado de las comunicaciones fue claramente la creación del Telégrafo.

Actualmente, tenemos un supercomputador de bolsillo, como nuestros smartphones, y damos una comunicación superflua con nuestros móviles, pero en una época que basaba sus comunicaciones y mensajería a distancias según el servicio postal y con cartas en sus distintas aplicaciones, el telégrafo revolucionó las comunicaciones al permitir la transmisión rápida de mensajes a larga distancia. Esta invención tuvo un impacto profundo en la sociedad, el comercio y la política, conectando de manera más eficiente a personas y lugares distantes.

El telégrafo eléctrico, tal como lo conocemos hoy en día, fue desarrollado por Samuel Morse y Alfred Vail en la década de 1830 y consistía en un sistema de comunicación que utilizaba señales eléctricas para transmitir mensajes codificados a través de cables. Estos mensajes se transmitían en forma de pulsos eléctricos que representaban letras y números en el hoy ya conocido código Morse.

Esta valiosa innovación permitió una comunicación instantánea a larga distancia, superando las limitaciones de la comunicación anterior, que dependía de la velocidad de los medios físicos, como los mensajeros a caballo o el transporte marítimo. Ahora, los mensajes podían enviarse a través de cables telegráficos en cuestión de segundos, lo que revolucionó la forma en que se realizaban los negocios, la diplomacia y la interacción social.

El impacto del telégrafo en la sociedad fue enorme. Facilitó la comunicación comercial y financiera, permitiendo a los negocios enviar y recibir información de manera rápida y eficiente. Esto aceleró los procesos comerciales y aumentó la eficiencia en la toma de decisiones empresariales. Además, el telégrafo redujo la incertidumbre en los mercados, ya que se podían recibir informes sobre precios, transacciones y noticias de manera casi instantánea.

En el ámbito político, el telégrafo también tuvo un impacto significativo. Las noticias y los informes políticos se transmitían rápidamente, permitiendo una mayor coordinación y toma de decisiones en tiempo real. Los líderes políticos podían comunicarse con mayor facilidad y recibir información actualizada de eventos nacionales e internacionales. Esto tuvo implicaciones en la diplomacia y la negociación de acuerdos, ya que los líderes podían mantenerse informados sobre los desarrollos en otros países y tomar decisiones basadas en información actualizada.

Además de sus aplicaciones comerciales y políticas, el telégrafo también transformó la vida cotidiana de las personas al facilitar la comunicación personal a larga distancia. Las familias separadas por la distancia podían mantenerse en contacto de una manera nunca posible. Los amigos y seres queridos podían intercambiar mensajes con facilidad, lo que acortaba las distancias entre ellos.

El telégrafo eléctrico fue una invención revolucionaria que transformó la comunicación, el comercio, la política y la vida cotidiana en la sociedad de la Segunda Revolución Industrial. Su impacto se sintió en todo el mundo y sentó las bases para futuras innovaciones en las telecomunicaciones. Sin embargo, la implementación y alcance del telégrafo no habrían sido posibles sin el desarrollo de la electricidad. Este elemento desempeñó un papel fundamental durante la Segunda Revolución Industrial, influyendo de manera significativa en la sociedad, el empleo y la política de la época.

La adopción generalizada de la electricidad transformó numerosos aspectos, impulsó nuevas industrias y cambió la vida cotidiana. Los trabajadores y autónomos que trabajaban con las fuentes de energía y métodos disponibles entonces para iluminarse y calentar los recintos y los hogares vieron con terror la llegada masiva de la electricidad.

Desde los que tenían negocios o trabajaban como empleados en la venta, mantención u operación de lámparas de aceite y velas que utilizaban aceite vegetal o animal, como aceite de ballena, como combustible o los artesanos que fabricaban las velas hechas de cera o sebo. De igual forma, los trabajadores del carbón y la leña que eran las principales fuentes de calor para calentar los hogares y cocinar, vieron amenazados sus fuentes de ingreso y trabajo por aquellos días.

Sin embargo, los beneficios de la electricidad fueron notables. Primero, mejoró la eficiencia en la producción industrial al reemplazar la energía basada en el vapor y los motores de combustión interna con motores eléctricos. Esto aumentó la productividad y la capacidad de producción, estimulando un rápido crecimiento económico.

La electricidad también generó empleos en la generación, distribución y mantenimiento de la energía eléctrica, creando oportunidades laborales en la instalación y optimización de redes eléctricas, así como en la industria de la iluminación y electrodomésticos. Aunque eliminó empleos tradicionales, como los operadores de máquinas de vapor, creó numerosas nuevas oportunidades.

En la vida cotidiana, la electricidad permitió la iluminación eléctrica en hogares y calles, reemplazando las lámparas de gas y las velas, lo que mejoró la calidad de vida y la seguridad. También impulsó electrodomésticos como lavadoras, refrigeradores y radios, simplificando tareas domésticas y brindando mayor comodidad, liberando tiempo para otras actividades personales.

Desde una perspectiva política, la electricidad provocó cambios significativos. El sector energético se convirtió en estratégico y dio lugar a compañías eléctricas. Esto generó debates sobre regulación y acceso equitativo a la electricidad como recurso fundamental para el desarrollo de la sociedad. A nivel global, la competencia por los recursos naturales requeridos para la generación eléctrica, como carbón y petróleo, dio lugar a alianzas y conflictos geopolíticos, incluso impulsando desarrollos militares y tecnológicos.

En resumen, la llegada de la electricidad fue clave en la Segunda Revolución Industrial, impulsando el crecimiento económico, generando empleos y mejorando la calidad de vida. Además, planteó desafíos políticos y geopolíticos, siendo aún un motor en la sociedad contemporánea.

Otro elemento crucial en esta revolución fue el Motor de Combustión Interna, que transformó la industria, el transporte y la vida de la gente. Este motor operaba mediante la combustión de gasolina o diésel en una cámara cerrada, generando energía para vehículos, maquinaria industrial y generadores eléctricos.

Esta innovación, revolucionó el transporte al permitir automóviles más rápidos y accesibles, impulsando la movilidad y la planificación urbana. Además, se aplicó en barcos y aviones, aumentando la conectividad global, el comercio y la comunicación, reduciendo distancias y acelerando la globalización.

Este avance creó empleos en la fabricación de vehículos y maquinaria relacionada, así como en la industria petrolera y minera, debido a la explotación de combustibles fósiles. La dependencia de estos recursos llevó a competencia y conflictos geopolíticos, y las políticas gubernamentales en torno al automóvil y la industria petrolera fueron objeto de debate y acción política.

Cabe señalar que el motor de combustión interna ha sido criticado por sus impactos ambientales, como la emisión de gases de efecto invernadero y la contaminación del aire. Pero en respuesta, desde hace décadas se ha investigado y se han desarrollado tecnologías más limpias, como vehículos eléctricos, sin embargo, el concepto de función y sus usos se mantienen.

En este capítulo, exploraremos cómo la Segunda Revolución Industrial cambió la naturaleza de la mano de obra, introduciendo nuevos procesos de producción y especialización laboral. También analizaremos cómo estas innovaciones remodelaron la industria, el trabajo y continuaron moldeando la sociedad hasta nuestros días.

La Especialización de la Mano de Obra en la Segunda Revolución Industrial

La Segunda Revolución Industrial marcó un período de cambios vertiginosos en la industria y la tecnología, transformando radicalmente la producción de bienes y servicios y uno de los cambios más significativos fue la creciente especialización de la mano de obra.

El desarrollo de maquinarias avanzadas y sistemas industriales automatizados demandaba habilidades técnicas altamente especializadas. Las tareas previamente realizadas por trabajadores generales se desglosaban en operaciones más pequeñas que requerían conocimientos específicos y entrenamiento en técnicas concretas. Esto permitía a las empresas aumentar su producción en menos tiempo, pero también alteraba la relación entre los trabajadores y su labor.

Un ejemplo notorio de esta especialización fue la introducción de la línea de montaje en la industria automotriz por Henry Ford. La línea de montaje posibilitó la producción masiva al dividir la fabricación de un automóvil en tareas individuales realizadas por trabajadores especializados. Esta innovación impulsó la eficiencia y redujo los costos de producción, permitiendo a Ford fabricar automóviles a un ritmo sin precedentes.

Sin embargo, la especialización planteó desafíos. A medida que los trabajadores se enfocaban en tareas específicas y repetitivas, el trabajo se volvía monótono y mecánico. En una máquina de producción, lo que provocó una despersonalización del trabajo y una desconexión con el producto final, se vieron meros engranajes.

Además, la repetición constante de tareas podía ser agotadora física y mentalmente, afectando la satisfacción laboral.

La especialización también tuvo un impacto en las relaciones laborales y sindicales. Conforme los trabajadores se especializaban, su capacidad para negociar mejores condiciones laborales se limitaba, ya que podían reemplazarlos por otros con habilidades similares. Esto dificultaba la formación de sindicatos y la lucha por mejoras salariales y condiciones de trabajo justas.

No obstante, es importante destacar que la especialización también conllevó beneficios. El aumento de la eficiencia y la producción masiva hizo que bienes y servicios fueran más accesibles para un mayor número de personas, mejorando la calidad de vida de muchos. Además, impulsó el desarrollo de habilidades técnicas, lo que generó una mayor demanda de educación y capacitación para los trabajadores.

El Auge de las Fábricas y las Ciudades Industriales

El auge de las fábricas junto al desarrollo de las llamadas ciudades industriales fue un fenómeno que particularmente se dio durante la Segunda Revolución Industrial. A medida que la producción industrial se expandía, las fábricas se convertían en los motores económicos de la época y atraían a un gran número de trabajadores que migraban desde áreas rurales hacia las ciudades en busca de empleo. Esta migración masiva transformó la demografía y la estructura social de muchas regiones, impulsando el rápido crecimiento de las ciudades industriales.

La producción en masa permitía una mayor eficiencia y reducción de costos, lo que resultaba en productos más asequibles para una población urbana en crecimiento. Sin embargo, detrás de esta prosperidad, existían duras realidades para los trabajadores.

Los trabajadores en las fábricas enfrentaban condiciones laborales difíciles y poco gratificantes. Las jornadas laborales eran extenuantes, llegando a durar 12 horas o más al día, sin días libres ni vacaciones. Los salarios eran bajos y apenas alcanzaban para cubrir las necesidades básicas, dejando a los trabajadores en la pobreza y dependientes de las fábricas para subsistir.

Además, las condiciones laborales eran peligrosas, sin prácticamente ninguna protección en cuanto a seguridad y salud. Los accidentes eran comunes, y los trabajadores enfrentaban riesgos como maquinaria peligrosa, condiciones insalubres y falta de medidas de prevención. La mano de obra, considerada fácilmente reemplazable, carecía de derechos y protección laboral, dejando a los trabajadores en una posición vulnerable ante las demandas de los empleadores.

Ante estas condiciones, surgieron nuevos movimientos laborales y sindicatos que buscaban mejorar la situación de los trabajadores y defender lo que vieron como sus derechos. Los trabajadores comenzaron a organizarse, luchando por la reducción de jornadas laborales, salarios más justos y condiciones más seguras. Los esfuerzos no fueron en vano y llevaron a reformas laborales significativas.

Con el tiempo, los movimientos laborales lograron avances en la legislación laboral, lo que resultó en la regulación de las horas de trabajo, la implementación de salarios mínimos y mejoras en las condiciones laborales. La lucha por los derechos laborales se convirtió en un componente esencial de la historia de la Segunda Revolución Industrial y sentó las bases para la evolución del movimiento obrero en las décadas posteriores.

Este auge de las fábricas y las ciudades industriales dejó un legado complejo en la historia económica y social posterior. Por un lado, impulsó un rápido crecimiento económico y la producción en masa que benefició a amplias capas de la población. Por otro lado, expuso las injusticias y desigualdades que surgieron de las condiciones laborales precarias. La lucha por la justicia laboral y la mejora de las condiciones de trabajo siguió siendo un desafío constante, pero también una parte esencial en la búsqueda de una sociedad más equitativa y justa para todos.

La Transformación de Habilidades y Educación

Otro aspecto fundamental para el desarrollo económico y la movilidad social durante la Segunda Revolución Industrial fue la transformación de habilidades y la educación. El rápido avance de nuevas tecnologías y procesos de producción exigía una fuerza laboral con capacidades técnicas y científicas para enfrentar los desafíos de una industria en constante evolución y crecimiento. La educación se convirtió en la herramienta esencial para buscar el progreso personal y profesional de los trabajadores.

Ante la creciente demanda de habilidades especializadas, surgieron escuelas técnicas y programas de capacitación que formaban a los trabajadores en áreas específicas de la industria. Estas instituciones proporcionaban conocimientos prácticos y teóricos, capacitando a los trabajadores para operar maquinaria compleja y realizar tareas técnicas de manera eficiente. La educación técnica mejoraba la productividad y la calidad del trabajo, lo que resultaba en una mayor competitividad para las empresas y una economía más dinámica.

Además de la educación técnica, la formación en ciencias y matemáticas se volvió esencial para la fuerza laboral en crecimiento. La comprensión de los principios científicos detrás de los nuevos avances tecnológicos permitía a los trabajadores entender mejor los procesos de producción y adaptarse a las innovaciones de la industria. La educación en ciencias y matemáticas fomentaba el pensamiento crítico y la resolución de problemas, habilidades clave para enfrentar los desafíos complejos del entorno industrial en constante cambio.

En esta etapa, la educación se convirtió en una herramienta poderosa para la movilidad social. Aquellos trabajadores que accedían a una educación técnica o científica podían mejorar sus habilidades y conocimientos, lo que les permitía acceder a empleos mejor remunerados y con mayores oportunidades de crecimiento profesional. La educación se convirtió en un medio para escapar del ciclo de pobreza y acceder a una vida más próspera y con mayores perspectivas de futuro. Algo parecido podríamos suponer que pasa en los tiempos actuales, donde las nuevas tecnologías y la transformación digital en sus distintos ámbitos presentan nuevas habilidades y conocimientos que se vuelven clave para poder desempeñarse el escenario actual y futuro.

No obstante, la educación también enfrentó desafíos en ese período, ya que no todos los trabajadores tenían acceso a oportunidades educativas, especialmente aquellos de bajos recursos. El costo de la educación y las barreras socioeconómicas dificultaban el acceso a formación técnica o científica, perpetuando las desigualdades sociales existentes.

La transformación de habilidades y educación también planteó interrogantes sobre el propósito de la educación en la sociedad. ¿Debería estar orientada exclusivamente a las necesidades de la industria y el mercado laboral, o también debería fomentar el desarrollo integral de los individuos como ciudadanos y seres humanos? Esta pregunta generó debates sobre el propósito y la dirección de la educación en la era de la industrialización y la especialización, cuestionamientos que, sorprendentemente, continúan resonando en nuestros días.

La Feminización de la Mano de Obra

En la Segunda Revolución Industrial, se evidenciaba una amplia brecha entre el trabajo desempeñado por hombres y la participación laboral de las mujeres. Sin embargo, lo que marcó profundamente a la sociedad de ese período y provocó un cambio significativo en la estructura laboral fue la conocida "feminización del trabajo". Con la expansión de la producción industrial, surgió la necesidad de una fuerza laboral más diversa y numerosa, lo que llevó a un aumento en la participación de las mujeres en el ámbito laboral. Las mujeres se convirtieron en una fuerza laboral clave, especialmente en la industria textil y otras áreas de la manufactura de bienes de consumo.

El auge de las fábricas y las ciudades industriales abrió nuevas oportunidades de empleo para las mujeres, lo que representó un cambio importante en las normas y expectativas sociales de la época. Las mujeres, antes relegadas a roles domésticos y empleos en actividades agrícolas, podían incorporarse al mundo laboral y contribuir económicamente a sus hogares. Esta transición hacia la participación de las mujeres en la fuerza laboral marcó uno de los primeros pasos significativos hacia la igualdad de género y la emancipación de la mujer.

Sin embargo, la participación de las mujeres en la fuerza laboral industrial estuvo marcada por desafíos y obstáculos. A pesar de su contribución al ámbito laboral, las mujeres enfrentaron discriminación de género y recibieron salarios notablemente más bajos en comparación con los hombres que desempeñaban tareas similares. Muchas mujeres estaban relegadas a empleos mal remunerados y de baja cualificación, con limitadas oportunidades de ascenso en la jerarquía laboral, debido a las persistentes desigualdades de género. La visión predominante de la época sobre los roles de género también influía en la percepción de las mujeres como trabajadoras temporales o complementarias, lo que afectaba sus perspectivas profesionales y salariales.

A pesar de estos desafíos, la participación de las mujeres en la fuerza laboral generó debates sobre la igualdad de género y dio lugar a los primeros movimientos y luchas por los derechos laborales de las mujeres. Las mujeres comenzaron a organizarse y a exigir condiciones laborales justas, salarios equitativos y oportunidades de desarrollo profesional. Su presencia en el ámbito laboral se convirtió en una plataforma poderosa para cuestionar las desigualdades de género y demandar un trato justo y equitativo en el mundo laboral.

La Segunda Revolución Industrial allanó el camino hacia la emancipación progresiva de las mujeres en el ámbito laboral, aunque la igualdad de género aún estaba lejos de alcanzarse. Con el tiempo, los movimientos feministas y las luchas por los derechos de las mujeres se intensificarían, dando lugar a importantes avances en materia de igualdad de género y protección de los derechos laborales de las trabajadoras.

En resumen, la Segunda Revolución Industrial transformó profundamente la mano de obra. La especialización de tareas, el surgimiento de las ciudades industriales y la importancia de la educación alteraron la naturaleza del trabajo y la estructura social. A medida que la industria avanzaba, la mano de obra debía adaptarse a los nuevos desafíos tecnológicos, lo que generaba una continua evolución en la forma de trabajar y en las demandas de habilidades y conocimientos. La Segunda Revolución Industrial sentó las bases para la era moderna y estableció un patrón de desarrollo económico y laboral que daría forma a la sociedad en las décadas venideras.

2.3 Automatización y Tecnología (3ra Revolución Industrial)

La llamada Tercera Revolución Industrial marcó un punto de inflexión en la historia de la humanidad, destacándose por el rápido desarrollo de la automatización de la producción. En esta etapa, se reforzó definitivamente el término "Tecnología" convirtiéndose en un poderoso catalizador del cambio, transformando radicalmente la forma en que se producían bienes y servicios y por consecuencia además apalancando el desarrollo y las vidas de quienes los usamos. Esta automatización impulsó la eficiencia, la productividad y la innovación, al tiempo que planteaba desafíos significativos para los trabajadores y la sociedad en su conjunto.

El inicio de la Tercera Revolución Industrial se ubica en las últimas tres décadas del siglo XX y se conoce como la "Revolución Informática", "Revolución Digital" o "Revolución de la Tecnología de la Información". Esta etapa revolucionaria se caracterizó por el rápido desarrollo y la adopción de las tecnologías de la información y la comunicación, que principalmente transformaron de manera profunda a la economía, la sociedad y por supuesto, el empleo.

Una de las innovaciones más significativas fue la invención de la Computadora Personal (PC). En la década de 1970, la introducción de la computadora personal, como la Altair 8800 en 1975, y su popularización con la serie Apple II y otras marcas, permitió el acceso masivo a la informática y la digitalización de tareas que antes se realizaban manualmente.

La popularización de las computadoras personales tuvo un impacto masivo en la sociedad y la economía. Antes de su aparición, las computadoras eran dispositivos voluminosos y sumamente costosos que se utilizaban en los principales y más desarrolladas organizaciones empresariales y entes académicos. Con la llegada de las PC, la informática se democratizó en cierto modo, permitiendo que las personas tuvieran acceso directo a la tecnología en sus hogares y más aún en sus lugares de trabajo.

Este avance transformó la forma en que se procesaban datos, se creaban documentos, se mantenían registros y se realizaban cálculos, lo que mejoró la eficiencia y abrió nuevas oportunidades en campos como la contabilidad, la educación, el diseño gráfico y la investigación científica. Además, cambió la manera en que las personas se comunicaban y colaboraban, al permitir el envío de correos electrónicos y la comunicación en línea.

La popularización de las computadoras personales también dio paso a una nueva industria y generó una creciente demanda del Software, es decir, de los programas y aplicaciones que permiten a las computadoras realizar las tan variadas tareas. El desarrollo de sistemas operativos avanzados y aplicaciones para procesadores de texto, hojas de cálculo y diseño gráfico, así como la expansión de la industria de la gráfica computacional y los videojuegos, que fueron resultado de esta creciente demanda.

Mas recientemente con la aparición de tiendas de aplicaciones y plataformas de descarga en línea, la industria del software se expandió aún más, facilitando el acceso a una amplia gama de programas y aplicaciones.

El software también se convirtió en una poderosa herramienta para la innovación y la creatividad. Los programadores y desarrolladores continuaron creando nuevas aplicaciones que revolucionaron la forma en que las personas trabajan, se divierten, aprenden y se comunican.

Pero todo lo que hoy conocemos, usamos y disfrutamos, no sería posible sin su majestad, la red global de comunicaciones: Internet.

Para no hacer una tediosa reseña histórica de la creación y desarrollo de Internet, pues visitemos esta mini historia que nos servirá de guía para entender como llegamos a usarla y estar interconectados hasta nuestros días:

> *Érase una vez un mundo en el que las computadoras vivían aisladas, sin la capacidad de comunicarse entre sí. Pero en la década de los 60´s, unos visionarios en la Agencia de Proyectos de Investigación Avanzada (ARPA) del Departamento de Defensa de los Estados Unidos tuvieron una idea muy audaz: querían conectar estas computadoras en una misma red, dando inicio así a la idea de la Internet.*
>
> *Comenzó llamándose ARPANET, siendo una red bien experimental que permitía a las computadoras comunicarse entre sí. A lo largo de la década de los 70´s, surgieron protocolos cruciales como el Transmission Control Protocol*

(TCP) y el Internet Protocol (IP), convirtiéndose en los cimientos de la red global. Pero, en 1983 ARPANET realizó una transición importante al adoptar oficialmente TCP/IP, marcando el inicio de Internet como la conocemos hoy.

Lo triste de la historia es que, en los 70 y 80, el uso de Internet solo lo usaban principalmente instituciones académicas, militares e investigativas. Era un mundo de conexiones limitadas y sistemas operativos variados, y la visión de una Internet global y accesible para todos sólo parecía un sueño lejano.

Pero todo cambió en la década del 90, cuando en 1991, Tim Berners-Lee presentó el famoso World Wide Web (o más conocida como WWW), permitiéndonos a todas las personas acceder y navegar por la web de manera sencilla y visual. En 1993, se lanzó el primer navegador web llamado Mosaic, facilitando aún más la navegación en Internet.

En la década de los 90´s la web se convirtió en un lugar emocionante y accesible para explorar. La gente comenzó a crear páginas, compartir información y comunicarse a través de correos electrónicos.

A medida que ingresamos al nuevo milenio, Internet se volvió esencial en la vida cotidiana en todo el mundo. El acceso a la web se volvió cada vez más rápido y asequible, y servicios en línea como redes sociales, motores de búsqueda y comercio electrónico florecieron exponencialmente. La banda ancha se hizo común, y la conexión a Internet se extendió hasta los dispositivos móviles. Y así, todos vivimos felices y super conectados.

Podemos convenir que hoy en día, Internet es una fuerza omnipresente que conecta a personas de todos los rincones del planeta. Ha transformado la forma en que trabajamos, estudiamos, nos comunicamos y nos entretenemos, y su historia continúa evolucionando con avances tecnológicos constantes y asombrosos.

Otro hito que va de la mano con la interconexión de Internet fue como vivimos el desarrollo de la Tecnología Móvil. Aunque los avances en la telefonía móvil celular se remontan a la Segunda Guerra Mundial, fue en las décadas finales de los años 80 y, aún más notablemente, a partir de la década de 1990, cuando las tecnologías móviles, incluyendo los teléfonos celulares y, posteriormente en lso 2000, los smartphones, se popularizaron. Esto permitió que la información y la conectividad estuvieran al alcance en cualquier momento y lugar revolucionando la forma en que las personas trabajan, se comunican, y gestionan sus actividades y negocios.

La tecnología móvil otorgó una mayor flexibilidad laboral y comunicación constante al permitir que los empleados estuvieran conectados con sus trabajos en cualquier momento y lugar. Esto posibilitó que las personas trabajaran de manera más versátil, ya fuera desde sus hogares, en movimiento o incluso en lugares remotos. La capacidad de acceder a correos electrónicos, documentos y aplicaciones comerciales desde sus dispositivos móviles proporcionó a los trabajadores una mayor autonomía y facilidad en el cumplimiento de sus tareas.

La tecnología móvil también impulsó el crecimiento del comercio electrónico, ya que los smartphones permitieron a los consumidores realizar compras en línea de manera rápida y conveniente desde cualquier ubicación. Esto llevó al surgimiento de las conocidas aplicaciones de compras y plataformas de comercio electrónico que conectaron a los consumidores directamente con los productos y servicios que necesitaban.

Además de lo anterior, la tecnología móvil allanó el camino para el emprendimiento y los negocios móviles. Esto permitió que las personas lanzaran y administraran sus propios negocios desde sus dispositivos móviles, reduciendo significativamente los costos iniciales y ampliando su alcance a un mercado global más extenso.

En resumen, la Tercera Revolución Industrial se caracterizó por el avance vertiginoso de la tecnología, la digitalización de tareas y la conexión global a través de Internet y los dispositivos móviles. Estos avances cambiaron la forma en que trabajamos, nos comunicamos y realizamos negocios, y continúan dando forma a la sociedad moderna.

2.4 ¿Qué aprendimos de las transformaciones tecnológicas pasadas?

A lo largo de la historia, la humanidad ha sido testigo de diversas transformaciones industriales y tecnológicas que han impactado significativamente en la sociedad y el mundo laboral. Cada una de estas transformaciones tecnológicas ha planteado tanto desafíos como oportunidades.

Uno de los desafíos más notables ha sido el temor al desplazamiento laboral y el desempleo masivo debido a la automatización y la introducción de nuevas tecnologías. Cada vez que una nueva ola de innovación y tecnología irrumpía en escena, se generaban preocupaciones sobre cómo impactaría en la fuerza laboral existente.

Durante la Primera Revolución Industrial, por ejemplo, la introducción de maquinaria y sistemas de producción automatizados revolucionó la producción de bienes. Muchos artesanos y trabajadores agrícolas se enfrentaron a la amenaza de perder sus empleos, ya que las máquinas comenzaron a reemplazar las habilidades y tareas que tradicionalmente realizaban. Esta transición provocó la desaparición de ciertas ocupaciones y dejó a muchas personas sin trabajo, generando incertidumbre y resistencia a los cambios tecnológicos.

A pesar de estos desafíos iniciales, estas transformaciones también brindaron oportunidades para el crecimiento económico y la mejora de la calidad de vida de los trabajadores en las siguientes revoluciones. Con el tiempo, las nuevas tecnologías y métodos de producción también ayudaron para crear nuevos empleos y oportunidades comerciales que antes eran impensables.

Durante la Segunda Revolución Industrial, el desarrollo del ferrocarril y la expansión de las redes de transporte abrieron la posibilidad de ampliar el comercio y la industria a nivel nacional, regional e internacional, generando una creciente demanda de trabajadores en áreas como la ingeniería, la manufactura y el transporte. Esto resultó en la creación de más empleos que requerían habilidades y conocimientos específicos en estas nuevas industrias emergentes.

Asimismo, cada transformación industrial o tecnológica impulsó la innovación y el desarrollo de nuevos sectores económicos. Durante la Revolución Digital y el surgimiento de Internet, se crearon una amplia gama de empleos en el ámbito de la tecnología de la información y la comunicación. La demanda de programadores, desarrolladores web, analistas de datos y expertos en seguridad cibernética, entre otros, aumentó considerablemente según las empresas adoptaron la digitalización en sus operaciones y eso sigue creciendo a pasos agigantados. Irónicamente, en muchos países todavía se plantea que existe una gran falencia en la cantidad de trabajadores capacitados en las tecnologías de la información para poder cubrir la creciente demanda que esta requiere.

Estos empleos tecnológicos, que requerían habilidades avanzadas en áreas específicas de la informática y la tecnología, se convirtieron en una parte fundamental de la economía digital. Los profesionales que se desempeñaban en estas áreas se convirtieron en una clase social altamente demandada y bien remunerada, ya que sus conocimientos y habilidades eran esenciales para las empresas que buscaban adaptarse a la era digital.

Esta nueva clase social tecnológica, compuesta por programadores, ingenieros de software, expertos en inteligencia artificial y otros especialistas en tecnología, adquirió una influencia significativa en la sociedad y la economía. Su capacidad para desarrollar y gestionar las tecnologías de la información y la comunicación se convirtió en un activo valioso para las empresas, permitiéndoles mantenerse competitivas en un mundo cada vez más digitalizado.

Además, la demanda de empleos en el sector tecnológico abrió nuevas oportunidades para la movilidad social. Muchos individuos que antes se encontraban en ocupaciones tradicionales o en sectores en declive vieron una vía para mejorar su situación socioeconómica al adquirir habilidades en tecnología y unirse a la creciente industria digital. La capacitación y la educación en tecnología se convirtieron en un medio para acceder a empleos mejor remunerados y con mayores perspectivas de crecimiento profesional.

La movilidad social en el marco de la Revolución Digital no solo se limitó a los trabajadores que adquirieron habilidades tecnológicas. También hubo emprendedores y empresarios que, incluso sin ser especialistas tecnológicos, vieron la oportunidad de crear sus propios negocios basados en tecnología, lo que les permitió ascender en la escala social y alcanzar el éxito económico. La capacidad de aprovechar las nuevas oportunidades comerciales creadas por la digitalización impulsó la movilidad social y permitió a individuos ambiciosos alcanzar niveles más altos de prosperidad y reconocimiento.

Por supuesto, es importante destacar que la movilidad social no fue ni ha sido igual para todos. La disponibilidad de oportunidades y recursos para adquirir habilidades tecnológicas y participar en la economía digital varía según el acceso a la educación, la ubicación geográfica y otros factores socioeconómicos. Aunque la Revolución Digital presentó oportunidades significativas para la movilidad social, también planteó desafíos en términos de equidad y acceso igualitario a estas oportunidades.

En este contexto, podemos confirmar que la capacitación y la educación se han convertido en factores críticos para capitalizar las oportunidades que surgen de las transformaciones tecnológicas. Los que han buscado adaptarse y adquirir nuevas habilidades por los cambios tecnológicos han podido acceder a las oportunidades laborales emergentes y asegurar su lugar en la fuerza laboral en evolución.

Con cada transformación industrial, han surgido nuevas habilidades y conocimientos necesarios para el mercado laboral. La sociedad ha respondido a estos cambios a través de la educación continua y el reciclaje de habilidades. Aquellos que buscaban mantenerse competitivos y relevantes en sus campos laborales han buscado oportunidades de aprendizaje y capacitación para adquirir estas nuevas habilidades. Durante las distintas Revoluciones Industriales, la necesidad de habilidades técnicas y conocimientos especializados se hizo evidente. Los trabajadores que se adaptaron a las nuevas tecnologías y se sumaron a los cambios, aprendieron a operar maquinaria y equipos avanzados pudieron mantener sus empleos y encontrar nuevas oportunidades de trabajo en las industrias emergentes. La creación y la formación de escuelas técnicas y programas de capacitación fue una respuesta clave para formar a trabajadores en habilidades específicas relacionadas con las máquinas y la industria.

Actualmente están surgiendo múltiples plataformas de educación online que entregan un catálogo muy actualizado de materias y habilidades relacionadas con las nuevas tecnologías como la inteligencia artificial, la ciencia de datos, el marketing y estrategias digitales, el e-commerce, por nombrar algunos. Y varios de estos cursos, diplomados o programas además son gratuitos y están disponibles en la web.

Volviendo al punto, comprobamos entonces cómo estas iniciativas permitieron a los trabajadores adquirir las habilidades y conocimientos necesarios para operar y adaptarse a las nuevas demandas del mercado laboral.

Con la llegada de la Revolución Digital y la inteligencia artificial, entonces tenemos que despertar rápidamente, interesarnos en conocer sobre la nueva demanda de habilidades y conocimientos tecnológicos en tendencia y buscar cómo subirnos a esta ola participando en aquellos programas de capacitación y educación en línea que nos sean más afines a nuestros sectores y roles, o también advertir de dicha necesidad a nuestros empleadores, pues también afectará el desempeño de las organizaciones que no estén preparadas.

Por su parte la flexibilidad y la capacidad de adaptación también son competencias cruciales en el entorno laboral actual, donde la tecnología avanza vertiginosamente. Las organizaciones y las funciones laborales evolucionan de manera constante para mantenerse a la vanguardia en un mundo impulsado por la innovación. Aquellos individuos y trabajadores que pueden adaptarse rápidamente a estas transformaciones se destacan y prosperan en sus carreras.

En contraste, aquellos que se resistan al cambio o no están dispuestos a adaptarse pueden encontrar que sus habilidades se vuelven obsoletas muy rápidamente. Su organización podría considerar la reasignación de este gerente a un papel diferente o peor aún contratar a alguien con las habilidades necesarias para aprovechar la tecnología y lograr mejores indicadores y eficiencia en su operación.

Aquellos que están dispuestos a aprender, a cambiar y a abrazar las nuevas tecnologías están mejor preparados para prosperar en un mundo laboral en constante evolución. Además, la adaptabilidad no solo beneficia a los individuos, sino también a las organizaciones que pueden mantenerse competitivas y relevantes en un mercado en constante cambio.

Otra de las habilidades que es una fuerza motriz fundamental en la adaptación de la sociedad a los cambios laborales y productivos es el espíritu emprendedor. Durante cada transformación tecnológica, se desencadenan nuevas oportunidades comerciales y empresariales. Aquellos individuos con un espíritu emprendedor altamente desarrollado pueden identificar estas oportunidades, pero sobre todo actuar en consecuencia y convertirlas en empresas exitosas y contribuir al desarrollo económico y social. El emprendimiento no solo impulsa la innovación y la creación de empleo, sino que también fomenta una cultura de adaptación y resiliencia en la sociedad.

Por ejemplo, imaginemos un escenario en la Segunda Revolución Industrial, cuando la producción en masa y la tecnología de transporte estaban en auge. En esa época, la demanda de productos manufacturados estaba en constante crecimiento, pero también se requerían soluciones logísticas más eficientes para satisfacer esta demanda.

El individuo con espíritu emprendedor reconoció oportunamente la necesidad de mejorar el transporte de mercancías, buscar otras opciones y entonces desarrolló una empresa de transporte y atención logística. Esta empresa no solo se centró en el transporte ferroviario, sino que también le hizo implementar técnicas de gestión de los inventarios innovadoras y buscar la optimización de las rutas para acelerar la entrega de productos y ganar mayores coberturas que le ayudarían hacer crecer a su negocio, lo que hoy llamaríamos emprendimiento.

La visión de este emprendedor y su capacidad para adaptarse al panorama cambiante de la industria del transporte le permitieron crecer y expandir su negocio rápidamente. A medida que más empresas buscaban servicios de transportes y manejo logísticos eficientes, su empresa se convirtió en un actor importante en el mercado y creó numerosos empleos en áreas como la gestión logística, la ingeniería de transporte y la administración. El emprendimiento, en este contexto, no solo condujo al éxito individual, sino que también contribuyó al progreso económico y social en general.

Esto quizás ilustra cómo el espíritu emprendedor puede conducir a la creación de empresas que aborden las necesidades cambiantes del mercado durante una transformación tecnológica y más aún en el presente con la gran disponibilidad de herramientas tecnológicas y aplicaciones, algunas incluso gratuitas por un periodo inicial, que nos permiten desarrollar proyectos de negocio de manera muy intuitiva, sencilla y oportuna.

En conclusión, las transformaciones tecnológicas pasadas han dejado valiosas lecciones sobre cómo enfrentar los desafíos y aprovechar las oportunidades que surgen en el ámbito laboral. La adaptación de la sociedad, el enfoque en la educación continua, la diversificación de la economía y el desarrollo de políticas laborales y protección social son fundamentales para abordar los cambios laborales impulsados por la inteligencia artificial y la automatización en la actualidad. Aprendiendo de nuestra historia, podemos estar mejor preparados para construir un futuro en el que los avances tecnológicos sean un catalizador para el progreso y el bienestar de toda la sociedad.

Capítulo 3:

La Revolución Digital (4a Revolución Industrial)

La Cuarta Revolución Industrial o Revolución Digital, ha marcado un punto de inflexión en la historia de la humanidad, desencadenando una transformación acelerada y radical en la forma en que vivimos, trabajamos y, especialmente, en cómo nos relacionamos. El fenómeno, impulsado por avances tecnológicos sin precedentes, ha confluido entre el mundo físico, el digital y el biológico, alterando significativamente la estructura de la sociedad y la economía.

En este capítulo, exploramos las características clave que definen esta nueva era de innovación. En primer lugar, la velocidad y la magnitud de los cambios son asombrosas. La adopción acelerada de tecnologías como la inteligencia artificial, el internet de las cosas, la nanotecnología y la computación cuántica ha impulsado la eficiencia y la productividad a niveles nunca antes vistos. La velocidad de la información y la comunicación ha aumentado exponencialmente, permitiendo una interconexión global en tiempo real.

En segundo lugar, la Cuarta Revolución Industrial está dando forma a nuevos modelos de negocio y a una economía basada en la innovación y la creatividad. La digitalización ha abierto las puertas a la economía del conocimiento, donde el valor se genera a partir de datos y la capacidad de interpretarlos para tomar decisiones estratégicas. Esto ha llevado a una mayor personalización de productos y servicios, adaptándose a las necesidades individuales de los consumidores.

Además, esta revolución está transformando el panorama laboral, el enfoque principal de esta obra. La automatización y la inteligencia artificial han llevado a la aparición de nuevos trabajos y a la reconfiguración de los roles tradicionales. Si bien esto ha generado inquietudes sobre la pérdida de empleos, también ha impulsado la demanda de habilidades técnicas y cognitivas, fomentando el aprendizaje continuo y el desarrollo de capacidades para afrontar los retos de una economía en constante evolución.

Finalmente, la Cuarta Revolución Industrial presenta una serie de desafíos éticos y sociales. La recopilación masiva de datos y la inteligencia artificial plantean cuestionamientos sobre la privacidad y el uso responsable de la información. Además, la brecha digital se convierte en una preocupación importante, ya que no todas las regiones y comunidades tienen igual acceso a las nuevas tecnologías y, por lo tanto, pueden quedarse rezagadas en este nuevo paradigma.

En resumen, observamos cómo la Cuarta Revolución Industrial es un fenómeno que está definiendo una nueva era de progreso y desarrollo humano. Sus características clave, como la velocidad vertiginosa de cambio, la economía del conocimiento, la transformación del empleo y los dilemas éticos, nos invitan a reflexionar sobre cómo aprovechar al máximo las oportunidades que nos brinda y abordar los desafíos que surgirán en el camino.

3.1 Digitalización, Conectividad y Convergencia Tecnológica

En la Cuarta Revolución Industrial, la digitalización, conectividad y convergencia tecnológica han sido los pilares fundamentales que impulsan una transformación radical en todos los aspectos de la sociedad. La digitalización ha llevado la información y los procesos al ámbito digital, permitiendo una gestión más eficiente y precisa de los datos. Esta transformación ha posibilitado la creación de extensas bases de datos que, junto con la inteligencia artificial, facilitan el análisis y la obtención de información relevante para la toma de decisiones estratégicas en tiempo real.

La conectividad, por su parte, ha actuado como un hilo conductor que ha unido todas las partes del mundo en una red global interconectada. Gracias al Internet de las Cosas, dispositivos y sensores en diversas industrias y sectores pueden comunicarse entre sí, compartiendo información valiosa y facilitando la automatización y optimización de procesos. La conectividad ha propiciado la colaboración y el intercambio de conocimientos a una escala sin precedentes, acortando distancias y promoviendo el desarrollo de soluciones globales para los desafíos actuales.

La convergencia tecnológica ha sido clave para la sinergia entre diferentes campos de la ciencia y la tecnología, especialmente en sus aplicaciones en el ámbito profesional y laboral. La nanotecnología y la computación cuántica, en particular, han convergido con la inteligencia artificial y el Internet de las Cosas (IoT) para potenciar sus aplicaciones y alcance. Por ejemplo, la nanotecnología ha permitido la miniaturización de sensores que se integran en dispositivos IoT, y la computación cuántica promete resolver problemas complejos de forma más rápida y eficiente, lo que beneficia a la inteligencia artificial en áreas como la optimización de algoritmos y la resolución de problemas complejos.

Desde la perspectiva de la digitalización, la capacidad de transformar datos analógicos en información digital ha posibilitado una mayor eficiencia en la gestión de recursos y la optimización de procesos. La recopilación y el análisis de datos a gran escala han permitido el desarrollo de soluciones personalizadas para clientes y usuarios, mejorando la experiencia del consumidor y aumentando la competitividad en el mercado.

En términos de conectividad, la interconexión global ha colaborado sin fronteras. Empresas, instituciones y personas pueden comunicarse e interactuar en tiempo real sin importar su ubicación geográfica. Esto ha llevado a un crecimiento exponencial del comercio electrónico, facilitando la compra y venta de bienes y servicios a nivel mundial. Además, la conectividad ha permitido el acceso a información y recursos educativos en cualquier lugar del mundo, democratizando el conocimiento y reduciendo las brechas de acceso a la educación.

La convergencia tecnológica ha abierto un abanico de posibilidades en la resolución de problemas complejos. Por ejemplo, en medicina, la combinación de la nanotecnología y la inteligencia artificial ha llevado al desarrollo de dispositivos médicos innovadores y terapias personalizadas para enfermedades específicas. En agricultura, la convergencia entre el Internet de las Cosas y la inteligencia artificial ha dado lugar a la agricultura de precisión, permitiendo una gestión más eficiente de los recursos y una mayor productividad en la producción de alimentos.

Sin embargo, este vertiginoso avance tecnológico también plantea desafíos significativos. La digitalización masiva de datos ha generado preocupaciones sobre la privacidad y la seguridad de la información. La conectividad global ha abierto nuevas vulnerabilidades en términos de ciberseguridad, exponiendo a empresas e individuos a riesgos de ataques y robos de datos. Además, la convergencia tecnológica puede llevar a la concentración de poder en manos de unos pocos actores dominantes, lo que podría limitar la diversidad y la competencia en el mercado.

3.2 Automatización y robotización en sectores económicos

La automatización y robotización son dos de las principales consecuencias de la Cuarta Revolución Industrial. Han tenido un impacto significativo en diversos sectores económicos, transformando la forma en que se realizan las tareas y operaciones. A medida que avanza la inteligencia artificial y la tecnología, se han desarrollado robots y sistemas automatizados capaces de realizar tareas que antes solo podían realizar seres humanos.

A continuación, exploramos cómo estas tecnologías han afectado a algunos de los sectores más representativos y las consecuencias tanto positivas como negativas que han surgido producto de la disrupción tecnológica.

Industria Manufacturera:

La industria manufacturera ha sido un campo pionero en la adopción de automatización y robotización. Desde las primeras fábricas, se han buscado formas de mejorar la eficiencia y precisión de las operaciones a través de herramientas y procesos automatizados.

La eficiencia impactó con la introducción de robots industriales. Estos robots pueden realizar tareas repetitivas y precisas de manera más rápida y exacta que los trabajadores humanos, lo que ha llevado a una mayor eficiencia en la producción. Además, operan sin necesidad de descanso, lo que aumenta la productividad y reduce los gastos operativos.

El aspecto de la seguridad laboral también ha mejorado considerablemente. Las tareas peligrosas y riesgosas se han automatizado, lo que directamente ha reducido los accidentes laborales y las lesiones para los trabajadores.

Sin embargo, esta mejora de la automatización ha generado algunas consecuencias negativas para el trabajador, como la disminución en la demanda de mano de obra no especializada. En las áreas donde antes se necesitaban varios operarios para realizar tareas de ensamblaje, los robots han asumido estas responsabilidades, disminuyendo la demanda de trabajadores no especializados.

Esto también ha dado lugar a un desplazamiento laboral, lo que significa que los trabajadores que antes realizaban tareas automatizadas pueden perder sus empleos y verse obligados a reentrenarse o buscar oportunidades laborales en otros sectores. Esto, a su vez, ha aumentado la desigualdad en algunas sociedades, ya que aquellos con habilidades técnicas y conocimientos avanzados se benefician de oportunidades de empleo y salarios más altos, mientras que los trabajadores no calificados pueden enfrentar dificultades para encontrar empleo y obtener ingresos suficientes.

En la industria automotriz, por ejemplo, la automatización ha revolucionado el proceso de ensamblaje de vehículos. Antes, implicaba una gran cantidad de trabajadores realizando tareas manuales y repetitivas para el ensamblaje y ajuste de piezas de los vehículos. Sin embargo, con la implementación de robots industriales y líneas de producción automatizadas, ahora los robots pueden realizar muchas de esas tareas, como el ensamblaje de piezas y la soldadura, de manera más eficiente y precisa. Esto ha llevado a una mejora en la producción y en la calidad de los vehículos, así como a una reducción de costos para los fabricantes.

Logística y Distribución:

En el sector de logística y distribución, la automatización ha optimizado la gestión de almacenes y el transporte de mercancías. Los robots autónomos y los sistemas de clasificación automatizados han agilizado el proceso de manejo y distribución de productos, reduciendo los tiempos de entrega y los costos operativos.

Estas prácticas han mejorado la eficiencia en la gestión de inventario y reducidos errores en el proceso de preparación de pedidos. Sin embargo, también han llevado a la disminución de la demanda de mano de obra en tareas como el embalaje y la carga, lo que puede afectar a los trabajadores menos calificados.

En el sector logístico, los sistemas automatizados de gestión de almacenes, como los sistemas de almacenamiento y recuperación automatizados (AS/RS) y los robots autónomos, han permitido un almacenamiento y una recuperación más rápidos y precisos de las mercancías. Esto ha llevado a una mayor eficiencia en la gestión de inventario y una reducción de errores en la preparación de pedidos.

Sin embargo, esta automatización también ha llevado al desplazamiento de los trabajadores que antes realizaban esas tareas de almacenamiento y recuperación. Los robots pueden realizar estas tareas de manera más rápida y eficiente, lo que ha disminuido la demanda de mano de obra humana en los almacenes.

Agricultura y Agroindustria:

La automatización en la agricultura ha impulsado mejoras significativas en eficiencia y productividad. Los drones y los robots agrícolas han revolucionado el proceso de siembra, monitoreo y cosecha, permitiendo un uso más preciso de los recursos y reduciendo el desperdicio. Estos sistemas han llevado a una mayor eficiencia y precisión en la supervisión de cultivos y el manejo de recursos escasos como agua, fertilizantes y pesticidas.

El uso de drones en el monitoreo y manejo de cultivos ha permitido una supervisión más precisa. Los drones equipados con cámaras e instrumentos de detección pueden identificar problemas tempranos, como plagas o enfermedades, y permitir una intervención oportuna y precisa. Además, los robots pueden realizar tareas agrícolas específicas, como la siembra y la cosecha, de manera más eficiente y rápida que los trabajadores humanos.

Y si, esta automatización en la agricultura también ha llevado a la pérdida de empleos en ciertas áreas, especialmente en comunidades rurales que dependen de la mano de obra agrícola.

Sector Salud:

En el ámbito de la salud, la automatización y robotización han demostrado ser útiles en la cirugía asistida por robots y en la atención médica personalizada. Los robots quirúrgicos han permitido procedimientos más precisos y menos invasivos, mejorando los resultados para los pacientes. Además, los chatbots y asistentes virtuales se utilizan cada vez más para brindar información y soporte a los pacientes.

Los robots quirúrgicos han mejorado significativamente la cirugía asistida por robots, permitiendo procedimientos más precisos y menos invasivos. Esto ha llevado a una mejora en los resultados para los pacientes.

Esta nueva automatización en el sector de la salud también ha planteado preocupaciones éticas sobre la pérdida de la empatía y la relación humana en la atención médica. La interacción con sistemas automatizados en lugar de profesionales de la salud humanos puede afectar la calidad de la atención y la relación entre pacientes y médicos.

Sector Servicios:

Aunque los servicios son altamente dependientes de la interacción humana, la automatización y robotización han tenido un impacto significativo en áreas como la atención al cliente y la hostelería. Los chatbots y los asistentes virtuales se utilizan para responder consultas y realizar tareas de servicio al cliente, lo que mejora la eficiencia y la disponibilidad del soporte.

La automatización ha permitido una mayor personalización de los servicios. Los algoritmos de inteligencia artificial pueden analizar datos sobre las preferencias y comportamientos de los clientes para ofrecer ofertas y recomendaciones personalizadas, lo que mejora la experiencia del cliente y la fidelidad a la marca.

En muchos negocios de servicios, los chatbots y asistentes virtuales han optimizado la atención al cliente. Estos sistemas proporcionan respuestas rápidas y precisas a consultas comunes, lo que libera al personal humano para abordar problemas más complejos y mejorar la satisfacción del cliente.

Un ejemplo específico de cómo la automatización ha impactado en el sector de servicios es el uso de kioscos de autoservicio en restaurantes de comida rápida. En muchos establecimientos, los clientes pueden realizar pedidos y pagar a través de kioscos automatizados en lugar de interactuar con un cajero humano. Esto ha llevado a una mayor eficiencia en la toma de pedidos y ha reducido el tiempo de espera para los clientes.

Sin embargo, esta automatización también ha llevado a una disminución en la demanda de trabajadores de atención al cliente en los restaurantes. Los empleados que antes tomaban pedidos ahora pueden reasignarse a otras tareas, pero también es posible que algunos empleos se pierdan por la introducción de esta tecnología.

En resumen, con solo revisar algunos casos, podemos apreciar que la automatización y robotización claramente han brindado numerosas ventajas en términos de eficiencia y productividad en diferentes sectores económicos. Han permitido realizar tareas repetitivas y peligrosas de manera más rápida y precisa, lo que ha llevado a mejoras en la calidad de los productos y servicios. Pero, también han generado preocupaciones en relación con el desplazamiento laboral y la desigualdad en el empleo, lo que requiere una planificación cuidadosa y medidas para asegurar una transición justa y equitativa hacia una economía más automatizada.

3.3 La Inteligencia Artificial como motor del cambio

La Inteligencia Artificial (IA) se ha convertido en un tema recurrente en los últimos años, y su relevancia se ha extendido mucho más allá del ámbito informático, involucrando a diversas industrias y sectores. Antes de adentrarnos en una exploración más profunda de la IA, es esencial establecer una definición práctica del término. La IA abarca múltiples definiciones por la variedad de perspectivas y enfoques que ha suscitado durante décadas. A continuación, se presentan algunas de las definiciones más comunes:

Sistemas que imitan la inteligencia humana: Esta perspectiva se centra en sistemas y algoritmos diseñados para emular la inteligencia humana, desempeñando tareas que involucran aprendizaje, resolución de problemas, toma de decisiones y reconocimiento de patrones.

Capacidad para aprender y adaptarse: Otra definición relevante resalta la capacidad de los sistemas de IA para aprender de datos y experiencias, así como su habilidad para adaptarse a nuevas situaciones sin requerir programación explícita.

Simulación de procesos mentales: Algunas interpretaciones de la IA hacen énfasis en la simulación de procesos mentales humanos, incluyendo el razonamiento, la percepción y el procesamiento del lenguaje natural.

Sistemas que realizan tareas con habilidad humana: Desde esta perspectiva, la IA se centra en crear sistemas capaces de realizar tareas que suelen requerir habilidades humanas, como el reconocimiento de voz, el procesamiento de lenguaje natural y la visión por computadora.

Sistemas que optimizan resultados: Otras definiciones destacan la capacidad de los sistemas de IA para optimizar resultados en función de objetivos y restricciones específicas.

Automatización de tareas inteligentes: Por último, esta perspectiva resalta la capacidad de los sistemas de IA para automatizar tareas que, en ausencia de la IA, dependerían de la inteligencia humana.

Es evidente que todas estas definiciones impactan la realidad laboral de forma directa o indirecta, generando eficiencias y avances notables, pero al mismo tiempo, se perciben como una amenaza latente para los trabajadores y la fuerza laboral en general, debido a diversas razones.

Hoy en día, es evidente que la inteligencia artificial (IA) ha surgido como uno de los pilares más significativos de la Cuarta Revolución Industrial. Su impacto en la sociedad y la economía ha sido profundo y transformador, impulsando avances sin precedentes en diversos campos. Desde sus inicios hasta la actualidad, la IA ha experimentado hitos significativos que han impulsado su desarrollo y expansión.

Para comprender sus orígenes y, sobre todo, cómo ha llegado hasta nuestros días, consideramos relevante repasar algunos de los principales hitos que han marcado el avance y el desarrollo de la inteligencia artificial:

El Test de Turing (1950): Si no estás familiarizado con Alan Turing, quizás puedas obtener una mejor idea a través de la película de 2014 llamada "El código enigma", un drama bélico que destaca su importante contribución a la tecnología. Alan Turing propuso una prueba para evaluar la capacidad de una máquina para exhibir un comportamiento inteligente indistinguible del humano. Aunque aún no se ha alcanzado el nivel requerido para aprobar el Test de Turing de manera consistente, este concepto ha sido una motivación importante para avanzar en la investigación en inteligencia artificial.

Dartmouth Workshop (1956): Se considera que el campo de la inteligencia artificial nació con el famoso taller de Dartmouth en 1956, que tuvo lugar en el College del mismo nombre ubicado en Nuevo Hampshire, Estados Unidos. En este evento, investigadores se reunieron para explorar la posibilidad de crear "máquinas que piensan", sentando las bases para futuras investigaciones en el campo.

El surgimiento del Machine Learning en las décadas de 1950 y 1960: Durante esta época, se desarrollaron algoritmos de aprendizaje automático que permitieron a las máquinas mejorar su rendimiento en tareas específicas a través de la experiencia. Un actor destacado en esta etapa fue Arthur Samuel, quien creó el primer algoritmo capaz de aprender. Este algoritmo consistía en un programa que jugaba a las damas y mejoraba su juego tras cada partida. El aprendizaje automático es un componente fundamental de la inteligencia artificial actual y ha permitido avances significativos en áreas como el reconocimiento de voz y la visión por computadora.

La IA y los juegos de estrategia (1997): Un hito clave en la historia de la IA y en su acelerado desarrollo ocurrió cuando el supercomputador de la firma IBM, Deep Blue, derrotó al campeón mundial de ajedrez de ese momento, Garry Kasparov, en 1997. Este logro demostró el potencial de la IA en el ámbito de la toma de decisiones complejas y cambiantes.

Sin embargo, un punto de inflexión más reciente se produjo en el presente siglo, en la década de 2010: Con la recopilación masiva de datos y notables avances en hardware y algoritmos, la IA experimentó un crecimiento explosivo. Esto se debió a un aumento notable en las fuentes de datos, como las redes sociales y aplicaciones, y a la mejora de la capacidad para analizar grandes cantidades de datos. Esto ha impulsado el desarrollo de sistemas de IA más sofisticados y precisos.

IA conversacional y asistentes virtuales en la década de 2010: La popularización de asistentes virtuales como Siri, Google Assistant y

Alexa llevó de manera práctica y familiar a la IA conversacional a nuestras vidas cotidianas. Estos sistemas utilizan el procesamiento del lenguaje natural y el aprendizaje automático para comprender y responder a interacciones humanas de manera simple e intuitiva.

Dicho esto, es relevante explorar en mayor profundidad el impacto de la inteligencia artificial en nuestro mundo laboral, que naturalmente varía según la generación a la que pertenecemos, ya seamos baby boomers, generación X, millennials o cualquier otra.

3.4 Impacto de la I.A. en la fuerza laboral y los empleos

Es evidente que la llegada y desarrollo de la Inteligencia Artificial (IA) han ocasionado una revolución en el mundo laboral, transformando fundamentalmente la forma en que se realizan tareas y se toman decisiones en diversas industrias. La capacidad de la IA para aprender de los datos, reconocer patrones y tomar decisiones informadas ha llevado a una automatización sin precedentes y una mayor eficiencia en los procesos laborales.

Al explorar en profundidad los cambios y desafíos que la IA ha traído consigo, así como las oportunidades y mejoras que ha generado, podemos destacar los principales aspectos definidos que resumiremos a continuación.

Automatización de tareas repetitivas:

La IA ha permitido automatizar tareas repetitivas y rutinarias, liberando a los trabajadores de la carga de realizarlas manualmente. Esto ha mejorado la eficiencia y la productividad en sectores como la manufactura y la logística. La automatización de tareas repetitivas ha sido un avance significativo en la Cuarta Revolución Industrial, impactando profundamente en diversos sectores económicos. En la manufactura, la implementación de robots y sistemas automatizados ha permitido una producción más rápida y precisa de bienes y productos. Los robots pueden realizar tareas repetitivas de manera constante, sin fatiga y con un alto grado de precisión, lo que ha llevado a una disminución de errores y desperdicios en las líneas de producción. Además, la automatización ha permitido a las empresas adaptarse más rápidamente a cambios en la demanda y acomodar la producción en función de la variabilidad de los pedidos. Los sistemas de IA y robótica pueden ajustar su producción en tiempo real según la demanda y la disponibilidad de insumos, lo que mejora la eficiencia y la capacidad de respuesta de las empresas ante situaciones cambiantes. En el sector de la logística, la automatización ha revolucionado la gestión de almacenes y el transporte de mercancías. Los robots y sistemas autónomos pueden clasificar, empaquetar y trasladar productos con mayor rapidez y precisión que los trabajadores humanos, lo que ha llevado a una mayor eficiencia en la cadena de suministro, reduciendo los tiempos de entrega y mejorando la satisfacción del cliente. Sin embargo, si bien la automatización ha aportado numerosos beneficios, también ha generado preocupaciones en cuanto al impacto en el empleo. La sustitución de trabajadores humanos por robots en tareas repetitivas ha llevado a debates sobre el desplazamiento laboral y la necesidad de reentrenamiento y reubicación para aquellos trabajadores cuyas tareas han sido automatizadas. Además, la automatización puede requerir una inversión significativa en infraestructura y tecnología, lo que puede suponer un desafío para pequeñas y medianas empresas con recursos limitados. Asimismo, la dependencia excesiva de la automatización puede generar vulnerabilidades en el caso de fallos o problemas técnicos, resaltando la importancia de contar con sistemas de respaldo y redundancia.

Optimización de Procesos:

La optimización de procesos es otro aspecto fundamental de la inteligencia artificial en la Cuarta Revolución Industrial. Los algoritmos de IA tienen la capacidad de analizar grandes cantidades de datos de manera rápida y precisa, lo que les permite identificar patrones y tendencias ocultas que los métodos tradicionales no pueden detectar. Esta habilidad ha llevado a una mejora significativa en la optimización de procesos en diversas áreas de la industria. En la gestión de la cadena de suministro, la IA ha sido fundamental para optimizar la planificación y el flujo de bienes y materiales a lo largo de toda la cadena. Los algoritmos pueden analizar datos de ventas, inventarios, pronósticos de demanda, costos de transporte y otros factores relevantes para determinar las mejores estrategias de abastecimiento y distribución. Esto ayuda a reducir los costos logísticos, minimizar los tiempos de entrega y garantizar que los productos estén disponibles en el momento y lugar adecuado. En la planificación de recursos, la IA ha permitido una asignación más eficiente y precisa de recursos en función de la demanda y las necesidades operativas. Por ejemplo, en la industria de la energía, la IA puede predecir la demanda de electricidad y ajustar la generación en tiempo real para optimizar el uso de recursos y evitar sobrecargas o desperdicios. En el ámbito de la manufactura, la IA puede programar y coordinar la producción de manera óptima para minimizar el tiempo de inactividad y maximizar la utilización de la capacidad productiva. Además, la optimización de procesos a través de la IA permite una toma de decisiones más informada y estratégica en todas las áreas de negocio. Los gerentes y líderes empresariales pueden utilizar los insights generados por los algoritmos de IA para tomar decisiones basadas en datos, lo que conduce a resultados más sólidos y a una ventaja competitiva en el mercado. Sin embargo, la optimización de procesos con IA también presenta desafíos. La complejidad y la cantidad de datos involucrados pueden requerir una infraestructura de TI sofisticada y claramente costosa y difícil de adquirir para muchas de las organizaciones promedio. Además, la calidad y la integridad de los datos son fundamentales para obtener resultados precisos y confiables. Por lo tanto, las empresas deben asegurarse de tener sistemas de recopilación y almacenamiento de datos adecuados para garantizar la eficacia de los algoritmos de IA.

Asistencia a Profesionales:

La asistencia a profesionales mediante la inteligencia artificial ha demostrado ser un avance revolucionario en diversas industrias, especialmente en campos como la medicina y el derecho. Los sistemas de IA han sido diseñados para analizar y procesar enormes cantidades de datos, lo que les permite proporcionar a los profesionales información valiosa y análisis en tiempo real que mejora significativamente la toma de decisiones y los diagnósticos.

En el campo de la medicina, los sistemas de diagnóstico asistido por IA han demostrado su eficacia en la identificación temprana y precisa de enfermedades. Por ejemplo, los algoritmos de IA pueden analizar imágenes médicas, como resonancias magnéticas y tomografías computarizadas, para detectar anomalías y patrones sutiles que pueden ser difíciles de detectar para el ojo humano. Estos sistemas de IA pueden ayudar a los médicos a confirmar diagnósticos, proponer tratamientos más personalizados y tomar decisiones informadas sobre el cuidado del paciente.

Además, en derecho, la IA se ha utilizado para asistir a abogados en el análisis y procesamiento de datos legales y jurisprudencia. Los sistemas de IA pueden analizar casos y precedentes legales para encontrar patrones y tendencias que ayuden a los abogados a fortalecer sus argumentos y tomar decisiones estratégicas en los litigios. Además, la IA también puede realizar tareas legales repetitivas, como la revisión de documentos y contratos, lo que permite a los abogados enfocarse en tareas más complejas y creativas.

La asistencia a profesionales mediante la IA no solo mejora la precisión y la eficiencia en sus labores, sino que también tiene el potencial de democratizar el acceso a servicios de alta calidad. Al aprovechar la IA, los profesionales pueden brindar servicios más rápidos y eficientes a un mayor número de personas, lo que contribuye a la mejora de la atención médica y los servicios legales en general.

Sin embargo, es importante tener en cuenta que la adopción de la IA en profesiones también plantea desafíos éticos y legales. La confiabilidad y precisión de los algoritmos de IA son fundamentales para garantizar resultados confiables y evitar posibles consecuencias negativas en la toma de decisiones. Además, es necesario abordar la responsabilidad y la transparencia en el uso de la IA, especialmente cuando se trata de decisiones que afectan la vida de las personas o cuestiones legales de importancia.

Creación de empleos en la industria de la IA:

Por ser consecuencia natural de la disrupción y su desarrollo acelerado, el crecimiento de la IA también ha llevado a la creación de puestos de trabajo en campos relacionados.

A medida que las empresas y organizaciones adoptan la IA en sus operaciones, se ha generado una creciente demanda de profesionales con habilidades y conocimientos especializados en el campo de la IA y el aprendizaje automático, tales como científicos de datos (Data Scientists), ingenieros de aprendizaje automático (Machine Learning Engineer) y expertos en ética de la IA. Pero a pesar de los beneficios resumidos que hemos visto, la IA también nos plantea desafíos significativos en el ámbito laboral.

El desplazamiento de empleos es una preocupación cada vez más relevante debido a la automatización impulsada por la inteligencia artificial. A medida que las empresas adoptan tecnologías de IA para automatizar tareas repetitivas y rutinarias, se teme que ciertos trabajos se reemplacen por máquinas y robots, lo que podría perder empleos en ciertos sectores.

Sin embargo, es importante destacar que, aunque la automatización puede llevar a la pérdida de ciertos trabajos, también ha creado nuevas oportunidades laborales en campos relacionados con la IA y la tecnología. Por ejemplo, como mencionamos anteriormente, ha habido una creciente demanda de científicos de datos, ingenieros de aprendizaje automático y especialistas en ética de la IA. Estos nuevos trabajos requieren habilidades técnicas y conocimientos especializados en el campo de la IA y la tecnología, lo que ha llevado a una evolución en el perfil de habilidades demandadas en el mercado laboral.

Además, aunque algunos trabajos pueden reemplazarse por la automatización, la IA también ha demostrado ser poderosa para mejorar la eficiencia y productividad en diversas industrias. Por ejemplo, en vez de reemplazar a los trabajadores, la IA puede asistir y mejorar el rendimiento de los profesionales en su trabajo diario. Los sistemas de IA pueden proporcionar recomendaciones y análisis en tiempo real que ayuden a los trabajadores a tomar decisiones más informadas y estratégicas.

La desigualdad y la brecha digital son preocupaciones importantes en el contexto de la Cuarta Revolución Industrial y la adopción de la inteligencia artificial. A medida que la tecnología avanza y la IA se integra cada vez más en nuestras vidas, el acceso a la educación y la formación en habilidades digitales puede variar significativamente entre diferentes individuos y comunidades. Esta situación puede agravar la brecha entre trabajadores altamente capacitados y aquellos que carecen de habilidades digitales relevantes para la era de la IA.

Una de las principales fuentes de desigualdad en el acceso a la educación y la formación en habilidades digitales es la disponibilidad y acceso a la tecnología. En muchas partes del mundo, especialmente en áreas rurales y en países en desarrollo, puede haber una falta de infraestructura tecnológica y acceso limitado a Internet de alta velocidad. Esto dificulta el acceso a plataformas de educación en línea, cursos de formación y recursos digitales, lo que deja rezagadas a ciertas personas y comunidades.

Además, la desigualdad económica también juega un papel importante en la brecha digital. Las personas con mayores recursos económicos pueden acceder a mejores oportunidades educativas y de formación, mientras que aquellos con menos recursos pueden enfrentar barreras financieras para acceder a la educación y capacitación en tecnologías de vanguardia.

Más adelante veremos un capítulo para bordar cómo la IA plantea cuestiones éticas y sociales que deben abordarse para garantizar un desarrollo y uso responsable de esta tecnología, pero podemos adelantar que algunas de las principales preocupaciones éticas relacionadas con la IA incluyen temas como la privacidad y protección de datos, para poder enmarcarlo frente a los distintos ámbitos y garantizar que los datos se traten seguramente, respetando los derechos de privacidad de los individuos, pero también la transparencia de las organizaciones frente a la sociedad. Otro punto es el creciente cuidado y preocupación por los sesgos en los algoritmos, entrenan en grandes conjuntos de datos que pueden contener sesgos inherentes a género, raza, clase social u otras características, donde es importante abordarlos, pero asegurar que los algoritmos se diseñan imparcialmente y equitativamente.

Ya que tocamos el punto de la transparencia y explicabilidad, en muchos casos, los algoritmos de IA pueden ser complejos y difíciles de entender para los humanos. Esto puede plantear desafíos en cuanto a la transparencia y explicabilidad de las decisiones tomadas por sistemas de IA. Es esencial que las decisiones automatizadas sean transparentes y explicables para que los usuarios puedan entender cómo se llegó a un resultado y entonces poder tomar decisiones informadas.

En conclusión, para este capítulo, la inteligencia artificial es un pilar fundamental de la Cuarta Revolución Industrial que ha impulsado avances tecnológicos significativos en diversas áreas. Su impacto en el mundo laboral ha sido notable, automatizando tareas, optimizando procesos y asistiendo a profesionales en sus labores. Sin embargo, también nos presenta desafíos, como el desplazamiento de empleos y la necesidad de abordar cuestiones éticas y de responsabilidad. La clave para enfrentar estos desafíos radica en una educación y formación adecuadas, así como en la implementación responsable de la IA para asegurar que esta tecnología sea una herramienta para el progreso y el bienestar de la sociedad.

En los siguientes capítulos podremos apreciar mucho más el papel de la IA aplicada en las distintas industrias, el impacto y riesgo para el mundo laboral y claro está en el desempleo tecnológico.

Capítulo 4:

El Desempleo Tecnológico

El desempleo tecnológico ha estado históricamente vinculado a las distintas olas de innovación tecnológica, incluyendo la inteligencia artificial y la automatización. A medida que las empresas adoptan tecnologías más avanzadas para mejorar su eficiencia y productividad, puede generarse una reducción en la demanda de mano de obra humana, lo que resulta en la pérdida de empleos.

Es fundamental reconocer que el desempleo tecnológico no es una consecuencia inevitable de la adopción de tecnologías avanzadas. De hecho, en muchas ocasiones, la automatización y la inteligencia artificial pueden complementar el trabajo humano, liberando a los trabajadores de tareas repetitivas y rutinarias, permitiéndoles enfocarse en actividades más creativas y estratégicas.

Sin embargo, el desempleo tecnológico se convierte en un problema mayor cuando las habilidades de los trabajadores no se alinean con las demandas del mercado laboral en constante evolución. Tanto las empresas como los gobiernos desempeñan un papel crucial en atenuar el impacto negativo del desempleo tecnológico y garantizar una transición justa y equitativa hacia una economía más automatizada.

En esta tercera década del siglo XXI, y tras la emergencia sanitaria del 2019-2020 causada por la pandemia, la inteligencia artificial ha acaparado la atención de muchas organizaciones y gran parte de la sociedad. Cada semana parece traer avances tecnológicos que generan preocupación sobre el futuro laboral. Incluso esta creciente ansiedad ha sido denominada 'AI-nxiety' (un juego de palabras aludiendo a la ansiedad en inglés), y se ve respaldada por noticias constantes sobre cómo estas tecnologías podrían afectar tanto a la humanidad en general como al mercado laboral en particular. Esta preocupación es significativa, ya que, como veremos a continuación, la automatización y el uso de la IA están reemplazando una amplia gama de tareas que las personas solían realizar.

Indudablemente, la llegada disruptiva y ampliamente comentada de los transformadores generativos pre-entrenados, comúnmente referidos como Chat GPT, marca un hito significativo en el campo de la inteligencia artificial. Estos modelos, como Chat GPT, pertenecen a una distinguida familia de redes neuronales que han sido pre-entrenados en una amplia variedad de datos y conocimientos recopilados de diversas fuentes informáticas. Este pre entrenamiento abarca desde texto en línea, documentos académicos, hasta conversaciones cotidianas, lo que les otorga una comprensión profunda y rica del lenguaje humano y sus matices.

La importancia de estos modelos radica en su capacidad para generar texto coherente y contextualmente relevante. En otras palabras, pueden entender el contexto de una conversación y responder de manera inteligente. Esto representa un avance clave en la inteligencia artificial, ya que permite la interacción natural entre humanos y máquinas, lo que tiene implicaciones significativas en campos que van desde el servicio al cliente hasta la generación de contenido creativo.

Además, su capacidad para adaptarse y aprender de nuevas interacciones los convierte en herramientas versátiles que se pueden aplicar en una amplia gama de aplicaciones, desde asistentes virtuales hasta la generación automática de texto. En breve, los Chat GPT y sus parientes en la familia de transformadores generativos pre-entrenados representan un avance revolucionario que está dando forma a la forma en que interactuamos con la inteligencia artificial y está abriendo nuevas oportunidades y desafíos en el mundo de la tecnología y la comunicación con sus múltiples e insospechados alcances.

Recientemente, las principales empresas responsables del desarrollo de esta tecnología han publicado informes que analizan el posible impacto futuro de su tecnología en el mercado laboral a nivel mundial. Según sus propios estudios, cerca del 80% de los trabajadores, principalmente en Estados Unidos y Europa, verán afectada su gestión laboral y sus tareas debido a la entrada y uso de tecnologías como GPT. Esto, sin duda, tendrá un impacto directo en los puestos de trabajo.

Las principales consultoras y algunas entidades financieras occidentales comparten investigaciones que advierten que la inteligencia artificial y su uso en las organizaciones podrían interrumpir el mercado laboral y afectaría a más de 300 millones de empleos en todo el mundo. Estos informes afirman que el avance de la IA podría llevar a la automatización de aproximadamente una cuarta parte de los empleos en Estados Unidos y Europa, mientras que alrededor de dos tercios de los empleos actuales podrían estar en riesgo de algún grado de automatización. Esto claramente ofrece una idea de cómo el fenómeno del Desempleo 4.0 se replica en el resto del mundo en mayor o menor grado.

Como podemos ver, uno de los mayores temores en nuestra sociedad actual es que esta tecnología dejará sin trabajo a muchas personas. Aunque esta preocupación es válida, es importante comprender que el progreso siempre ha traído consigo amenazas similares, como lo hizo en revoluciones anteriores.

Para contrarrestar este temor, las tecnologías de inteligencia artificial se emplean en numerosas instancias para complementar y potenciar las capacidades de los trabajadores humanos en lugar de reemplazarlos por completo. Esta tendencia refleja una colaboración creciente entre humanos y máquinas, donde la IA asume tareas repetitivas y de procesamiento de datos, permitiendo que los empleados se centren en actividades más estratégicas y creativas. En lugar de ser reemplazados, la IA se convierte en una herramienta que amplía la eficiencia y la capacidad de toma de decisiones de los trabajadores.

Esta evolución tecnológica está generando nuevas oportunidades laborales, como veremos a continuación. Esta tendencia demuestra cómo la IA no solo transforma los empleos existentes, sino que también crea roles especializados para mantener y optimizar estas tecnologías.

La inteligencia artificial está impulsando cambios cualitativos en diversos puestos de trabajo al desempeñar un papel de asistencia en lugar de reemplazo. Esta colaboración entre humanos y máquinas implica que los profesionales necesitarán desarrollar habilidades blandas, como la resolución de problemas, la creatividad y la inteligencia emocional. Estas competencias les permitirán trabajar de manera efectiva junto con la tecnología, aprovechando la capacidad de la IA para analizar datos y proporcionar información valiosa, mientras los humanos aportan su juicio, empatía y creatividad en la toma de decisiones. La combinación de estas habilidades esenciales será fundamental para el éxito laboral en la era de la inteligencia artificial.

4.1 La brecha de habilidades y la adaptación a nuevos trabajos

Una de las principales razones detrás del desempleo tecnológico es la brecha de habilidades. A medida que la tecnología avanza rápidamente, es fundamental que los trabajadores adquieran nuevas habilidades digitales y técnicas para mantenerse relevantes en el mercado laboral. Aquellos que no tienen las habilidades necesarias para trabajar con tecnologías avanzadas pueden enfrentar dificultades para encontrar empleo, ya que los trabajos tradicionales pueden estar desapareciendo debido a la automatización.

Abordar la brecha de habilidades es crucial y puede lograrse a través de la educación y la formación continua. Los trabajadores deben tener acceso a programas de capacitación y cursos que les permitan adquirir las habilidades necesarias para adaptarse a los nuevos trabajos que surgen en la era de la inteligencia artificial y la automatización.

Sin duda, la lista de nuevas habilidades digitales y técnicas que los trabajadores deben adquirir para mantenerse relevantes en el mercado laboral es extensa y sigue ampliándose a medida que se especializa aún más. Estas habilidades se concentran principalmente en áreas como la programación, el análisis de datos, el aprendizaje automático, la ciberseguridad y, por supuesto, en la inteligencia artificial y sus diversas aplicaciones.

Es importante señalar que la influencia de estas tecnologías y nuevas habilidades se extiende a una variedad de sectores e industrias. No pretendemos, en esta obra, realizar un compendio exhaustivo que aborde todas las industrias y sectores ni pretendemos advertir sobre todos los roles y cargos laborales que podrían estar en riesgo. En su lugar, nos centraremos en ejemplos específicos en ciertos sectores familiares y de fácil comprensión para ilustrar las causas y consecuencias de estas brechas de habilidades. Buscamos que el lector reflexione sobre la similitud en la transformación que experimentan funciones, roles y trabajos, que, aunque distintos, enfrentan cambios y evoluciones similares debido a la disrupción de la automatización e inteligencia artificial.

Para explorar estos casos, a continuación, se presenta el "Anexo 1: Sectores y Casos", y es importante advertir al lector que, con el fin de ofrecer información clara pero concisa sobre los roles y casos en los sectores mencionados y sus respectivos ejemplos, hemos optado por mantener un estilo descriptivo, a diferencia del enfoque del resto de la obra. Esto se hace para facilitar la lectura y las futuras consultas del lector.

4.2 Anexo: Algunos sectores y casos

Sector de la Salud:

La implementación de sistemas de inteligencia artificial en el sector de la salud ha mejorado notablemente el diagnóstico y tratamiento de enfermedades, lo que ha generado una mayor demanda de profesionales de la salud capaces de trabajar con tecnologías avanzadas. Entre ellos, se incluyen médicos especializados en telemedicina, analistas de datos de la salud y expertos en inteligencia artificial aplicada a la medicina en sus diversas especialidades.

No obstante, a medida que se adoptan más tecnologías de IA en la atención médica, algunos puestos de trabajo tradicionales en hospitales y clínicas pueden disminuir, particularmente aquellos roles médicos que implican una menor influencia y operación práctica de procedimientos. Sin embargo, los más vulnerables a corto plazo son los roles administrativos y de procesamiento de documentación que brindan apoyo en el sector.

Ahora bien, exploremos algunas de las formas en que la IA y la automatización se aplican en el área de la salud y el sector hospitalario:

1. Diagnóstico por imágenes: La IA se utiliza para analizar imágenes médicas como tomografías computarizadas, radiografías y resonancias magnéticas. Los algoritmos de IA pueden identificar patrones y características específicas en las imágenes, lo que ayuda a los médicos a detectar enfermedades y lesiones con mayor precisión y rapidez. Esto no solo mejora el diagnóstico, sino que también puede llevar a tratamientos más tempranos y efectivos.
2. Asistentes virtuales y chatbots: La IA se utiliza en el desarrollo de herramientas virtuales que pueden interactuar con pacientes y proporcionar información sobre síntomas, diagnósticos, tratamientos y consejos de salud. Estos asistentes virtuales están disponibles las 24 horas del día y pueden ayudar a los pacientes a obtener respuestas a sus preguntas de manera rápida y conveniente.
3. Análisis de datos médicos: La IA puede analizar grandes conjuntos de datos médicos, como historiales clínicos,

resultados de pruebas y datos genómicos, para identificar patrones y tendencias. Esto puede ayudar a los médicos a tomar decisiones más informadas y personalizadas sobre el tratamiento y la atención médica de los pacientes.
4. Descubrimiento de medicamentos y terapias: La IA se utiliza en el proceso de identificar moléculas y compuestos que podrían tener propiedades terapéuticas. Además, la IA ayuda en el diseño de terapias personalizadas basadas en el perfil genético y las características individuales de los pacientes.
5. Monitoreo de pacientes: Los dispositivos de monitoreo de pacientes basados en la IA pueden recopilar y analizar datos en tiempo real sobre la salud de los pacientes, lo que permite una detección temprana de problemas médicos y una intervención oportuna.
6. Predicción de brotes y enfermedades: La IA puede analizar datos epidemiológicos y de salud pública para predecir brotes de enfermedades y ayudar a los sistemas de salud a estar preparados para posibles epidemias.
7. Apoyo a la toma de decisiones clínicas: La IA se utiliza para proporcionar recomendaciones y sugerencias a los médicos en la toma de decisiones clínicas, como opciones de tratamiento, dosis de medicamentos y planificación de cirugías. Por supuesto, la última palabra la tendrá el facultativo, al menos por ahora.

A pesar de estos avances, es importante recordar que la IA no reemplaza completamente el juicio y la experiencia clínica de los profesionales de la salud. Si bien puede automatizar ciertos aspectos del monitoreo y diagnóstico, aún se requiere la intervención y supervisión humanas en muchos casos.

Adicionalmente, la implementación de la IA crea nuevas oportunidades de empleo para aquellos profesionales de la salud con habilidades digitales avanzadas, que pueden trabajar en la integración de sistemas de IA en la práctica médica, mejorando la eficiencia y precisión en diagnósticos y tratamientos.

Sector de la Educación:

La introducción y disrupción de la inteligencia artificial (IA) en el ámbito educativo está moldeando un panorama educativo radicalmente diferente. Desde el nivel escolar hasta la educación superior, se anticipan cambios profundos en la forma en que los estudiantes aprenden y los educadores enseñan.

Una de las transformaciones más notables es el advenimiento del aprendizaje personalizado. La IA permite la creación de entornos educativos adaptados a las necesidades, ritmo y estilos de aprendizaje de cada estudiante. Plataformas de aprendizaje en línea impulsadas por algoritmos de IA pueden evaluar el progreso y ajustar el contenido en tiempo real, brindando una experiencia de aprendizaje más individualizada y efectiva.

Los roles de los educadores también están experimentando cambios significativos. La IA actúa como un asistente educativo virtual, respondiendo preguntas, proporcionando explicaciones y monitoreando el desempeño de los estudiantes. Esto libera a los educadores de tareas administrativas y les permite centrarse en actividades más interactivas y creativas, como la facilitación de discusiones en clase y la mentoría personalizada.

La tecnología también está derribando barreras geográficas y socioeconómicas. La educación en línea respaldada por la IA brinda acceso a cursos y recursos educativos a personas de todo el mundo, incluso en áreas remotas. Esto democratiza el acceso a la educación y amplía las oportunidades de aprendizaje para una población más diversa.

Además, la IA está revolucionando la investigación educativa y el análisis de datos. Los educadores pueden aprovechar grandes conjuntos de datos para identificar patrones de aprendizaje y tendencias, lo que informa la toma de decisiones sobre metodologías y enfoques pedagógicos más efectivos.

Al margen de estas innovaciones, es crucial recordar que la tecnología debe complementar, no reemplazar, la interacción humana en el proceso educativo. Los educadores siguen siendo fundamentales para guiar, motivar y proporcionar un ambiente de apoyo a los estudiantes. La combinación de la experiencia humana y la potencia de la IA tiene el potencial de mejorar la calidad y accesibilidad de la educación, preparando a los estudiantes para enfrentar los desafíos de un mundo en constante cambio.

Sin embargo, al analizar cómo algunos de los roles y trabajadores de este sector podrían verse impactados por esta evolución, nos encontramos principalmente con los siguientes:

Docentes y profesores: Con el uso de tecnologías de IA en la educación, los docentes y profesores pueden enfrentar cambios en su rol tradicional en el aula. Las plataformas de aprendizaje en línea y sistemas de IA pueden proporcionar recursos educativos personalizados, lo que podría implicar una adaptación de la forma en que los docentes interactúan con los estudiantes y entregan contenido educativo.

Diseñadores de contenido educativo: La incorporación de tecnologías de IA en la educación ha aumentado la demanda de profesionales que puedan diseñar contenido educativo en línea. Estos diseñadores deben adaptar el contenido para que sea más interactivo y personalizado, aprovechando el potencial de la IA para brindar una experiencia de aprendizaje más efectiva.

Desarrolladores de plataformas de aprendizaje: La creación y mantenimiento de plataformas de aprendizaje en línea que utilizan tecnologías de IA requiere de profesionales con habilidades técnicas avanzadas para desarrollar y mejorar estas plataformas, lo que puede generar nuevas oportunidades laborales.

Expertos en análisis de datos educativos: La IA en la educación recopila y analiza grandes cantidades de datos sobre el rendimiento y progreso de los estudiantes. Los expertos en análisis de datos educativos juegan un papel fundamental en interpretar esta información para mejorar el proceso de enseñanza y aprendizaje.

Sector Financiero:

La integración cada vez más profunda de tecnologías de inteligencia artificial (IA) en el sector financiero desencadena transformaciones en cómo se ejecutan operaciones y se toman decisiones en el ámbito bancario y financiero. Este proceso de transformación no solo conlleva beneficios en eficiencia y precisión, sino que altera la naturaleza de muchos trabajos tradicionales en el sector.

Uno de los aspectos más notorios es la automatización de tareas rutinarias y basadas en reglas. Las tareas administrativas, que antes requerían tiempo y esfuerzo manual, están siendo asumidas por sistemas de IA capaces de ejecutarlas de manera más veloz y precisa. La entrada de datos, la verificación de documentos y otras actividades repetitivas están siendo delegadas a la tecnología, lo que puede impactar en roles que históricamente se centraban en estas labores.

Además, la IA se está convirtiendo en un actor fundamental en el procesamiento y análisis de datos. La habilidad de los algoritmos de IA para examinar vastos volúmenes de información y discernir patrones ocultos puede desafiar la relevancia de trabajos que previamente requerían un análisis manual. Analistas financieros y profesionales encargados de la toma de decisiones de inversión pueden encontrarse con la necesidad de ajustar su enfoque y habilidades para aprovechar la inteligencia artificial como herramienta complementaria y trabajar apalancados en la misma.

También se redefine la relación entre las instituciones financieras y sus clientes. Los chatbots y asistentes virtuales, respaldados por IA, están asumiendo un papel más destacado en la atención al cliente y el asesoramiento financiero básico. Si bien esto puede mejorar la eficiencia y disponibilidad de respuestas, también puede afectar a empleos que históricamente gestionaban estas interacciones.

Al mismo tiempo, la IA está revolucionando la identificación de riesgos y la adherencia a regulaciones. La detección temprana de fraudes y anomalías en las transacciones se ha vuelto más efectiva con la IA, pero esto también puede tener implicaciones en roles que se ocupaban de la supervisión manual.

En el contexto de esta transformación, surgen nuevas oportunidades laborales en campos relacionados con la tecnología y la IA. Profesionales capacitados en el desarrollo, implementación y mantenimiento de sistemas de IA se vuelven esenciales para garantizar una integración fluida y un rendimiento óptimo de estas tecnologías en el sector financiero.

En última instancia, la evolución hacia una mayor presencia de la IA en el sector financiero claramente nos impulsa a una reevaluación de roles y responsabilidades. Adaptarse a esta nueva realidad exige una disposición para adquirir nuevas habilidades y desarrollar una comprensión más profunda de cómo la tecnología está y continuará complementando y mejorando las capacidades humanas en el ámbito financiero.

En la Agricultura y Agroindustria:

La automatización y los robots están transformando la agricultura de manera significativa, con implicaciones en los empleos agrícolas. A continuación, se indican algunos de los empleos en el sector agrícola que pueden verse afectados, junto con las razones y mecanismos detrás de esta transformación:

Trabajadores de cosecha manual: Los robots agrícolas pueden realizar tareas de cosecha de cultivos, como recolectar frutas o verduras, de manera más rápida y precisa que los trabajadores humanos. Esto puede reducir la demanda de trabajadores de cosecha manual en ciertos cultivos. Los robots utilizan sensores y cámaras para detectar cuándo una fruta o vegetal está maduro y listo para ser cosechado, lo que mejora la eficiencia y minimiza el desperdicio.

Operadores de maquinaria agrícola: A medida que la automatización se convierte en una parte integral de la agricultura, los operadores de maquinaria agrícola pueden encontrar que sus roles están cambiando. En lugar de operar manualmente tractores y equipos, pueden supervisar y controlar máquinas autónomas o robots agrícolas que realizan tareas de siembra, riego y cosecha de manera autónoma.

Trabajadores de riego: La irrigación es esencial en la agricultura, pero los sistemas de riego automatizados pueden controlar de manera eficiente la entrega de agua a los cultivos sin la necesidad de trabajadores que realicen riego manual. Esto podría disminuir la demanda de trabajadores encargados del riego en campos agrícolas.

Trabajadores de mantenimiento y reparación de equipos agrícolas: Si bien la automatización y la robótica en la agricultura están creando oportunidades laborales en el mantenimiento y la reparación de equipos, los trabajadores en esta área pueden necesitar adquirir nuevas habilidades para trabajar con tecnologías avanzadas. El mantenimiento y la solución de problemas en sistemas automatizados requieren conocimientos técnicos específicos.

Personal de supervisión y gestión de robots agrícolas: A medida que se implementan más robots en la agricultura, se necesitará personal para supervisar su funcionamiento, realizar el mantenimiento básico y asegurarse de que las operaciones sean eficientes. Estos roles pueden requerir habilidades en tecnología y robótica.

Es importante destacar que esta obra no pretende abarcar todos los sectores e industrias afectados por la automatización y la inteligencia artificial (IA). Se busca mencionar las principales funciones, operaciones y roles laborales que, en algunos casos, pueden ser similares en su esencia, incluso en diferentes sectores. Esto permite que el lector encuentre dicha similitud y establezca sus propias reflexiones ante esta revolución en curso. Por lo tanto, a continuación, se explica muy brevemente cómo podrían verse afectados otros sectores profesionales, como el legal, el contable o administrativo, las áreas de ventas y otros.

Sector Legal:

Cuando exploramos cómo la automatización y la inteligencia artificial (IA) impactan en los abogados y el sector legal, identificamos algunas funciones clave:

Revisión de documentos legales: La revisión manual de documentos legales es una tarea que puede llevar mucho tiempo. La IA acelera este proceso al analizar miles de documentos en cuestión de minutos, identificando patrones y cláusulas específicas. Esto ahorra tiempo a los abogados y permite una revisión más eficiente de contratos y documentos legales.

Ya existen un par de plataformas de revisión legal basadas en IA, que puede analizar contratos y proporcionar un informe detallado en minutos. Esto es especialmente útil en transacciones comerciales y fusiones y adquisiciones, donde se manejan grandes volúmenes de documentos legales.

Búsqueda legal con precisión y rapidez: Las herramientas de IA pueden realizar búsquedas legales en bases de datos masivas con una precisión y velocidad impresionantes. Pueden encontrar casos precedentes, leyes y jurisprudencia relevante en cuestión de segundos. Esto, porque están basadas en IA y puede buscar a través de vastas bibliotecas legales y proporcionar respuestas legales precisas a preguntas formuladas en lenguaje natural.

Análisis de datos legales y extracción de información clave: La IA puede extraer información relevante de documentos legales, como fechas, nombres, cláusulas y otros datos muy específicos y sus números asociados. Esto simplifica la organización y el análisis de datos legales, acelerando la revisión de due diligence en transacciones legales.

Generación y Automatización de informes legales: La IA puede generar informes legales y análisis de manera automática. Esto es útil en la preparación de documentación legal estándar y reportes de casos. De hecho, algunas empresas utilizan la IA para crear informes legales automáticos, ahorrando tiempo en la documentación de transacciones y litigios.

Sector Contable y Administradores:

Contabilidad automatizada y Clasificación de transacciones: La IA puede automatizar la clasificación de transacciones financieras, como ingresos y gastos, en categorías adecuadas. Esto reduce la necesidad de que los contadores realicen estas tareas manualmente. Plataformas como QuickBooks y Xero utilizan IA para categorizar automáticamente las transacciones y generar informes financieros precisos.

Preparación de estados financieros: La IA puede generar estados financieros y reportes contables de manera automática, tomando datos de las transacciones registradas. Esto agiliza el proceso de presentación de informes financieros.

Gestión de procesos administrativos con flujo de trabajo automatizado: Los sistemas de IA pueden administrar flujos de trabajo y tareas administrativas, como la gestión de facturas y el seguimiento de gastos. Esto mejora la eficiencia y reduce la carga de trabajo de los administradores.

Análisis predictivos de datos financieros: La IA puede realizar análisis predictivos de datos financieros, identificando tendencias y patrones ocultos en los datos contables. Esto proporciona información valiosa para la toma de decisiones empresariales.

Asesoramiento financiero automatizado: Los robot-asesores utilizan IA para proporcionar asesoramiento financiero automatizado a los clientes, desde la gestión de inversiones hasta la planificación financiera. Esto puede reducir la necesidad de asesores financieros humanos en ciertos casos. De hecho, ya operan varias plataformas que ofrecen servicios de asesoramiento financiero basados en IA.

Sector de Ventas y Marketing:

Aunque pareciera poco probable y creemos que el talento, conocimiento y hasta simpatía del vendedor no es reemplazable, la automatización y la inteligencia artificial (IA) también están impactando significativamente en el sector de ventas, equipos de vendedores, y áreas comerciales y marketing.

Automatización de ventas y prospección de clientes: Las herramientas de automatización de ventas pueden identificar clientes potenciales de manera más eficiente al analizar datos demográficos y de comportamiento en línea. Esto permite a los vendedores centrarse en leads de alta calidad. Plataformas como Salesforce ya utilizan IA para puntuar leads y priorizar los más prometedores.

Personalización en marketing: La IA puede analizar grandes conjuntos de datos para identificar segmentos específicos de clientes y personalizar campañas de marketing y ofertas en función de sus preferencias y comportamientos. Plataformas de marketing como HubSpot utilizan la IA para segmentar y dirigir contenido a audiencias específicas.

Automatización de marketing con Email marketing y campañas automatizadas: Las soluciones de automatización de marketing permiten crear flujos de trabajo automatizados que envían correos electrónicos y contenido en momentos estratégicos, lo que ahorra tiempo y aumenta la eficiencia en la comunicación con los clientes.

Análisis de datos de ventas: La IA puede analizar datos históricos de ventas y otros factores para prever tendencias de ventas futuras con mayor precisión. Esto ayuda a las empresas a tomar decisiones informadas sobre inventario y estrategias de ventas. El típico embudo de ventas y las reuniones de Forecast ya son mucho más certeras y efectivas con estas herramientas, dejando un poco atrás el buen olfato y percepción del vendedor.

Chatbots y atención al cliente: La mayoría ya hemos tenido la experiencia o sabemos que los chatbots impulsados por IA pueden interactuar con los clientes en tiempo real, responder preguntas y proporcionar asistencia. Esto mejora la experiencia del cliente y libera tiempo de los equipos de ventas para tareas más estratégicas.

Sector de Personal, o también conocido como Recursos Humanos:

Selección y contratación de personal: Procesamiento de currículos y evaluación de candidatos. La IA puede analizar currículos y perfiles de candidatos de manera eficiente, identificando a los candidatos más adecuados para un puesto en función de criterios específicos. Esto acelera el proceso de selección.

Automatización de tareas administrativas: La IA puede encargarse de tareas administrativas relacionadas con la nómina, como el cálculo de salarios y deducciones. También puede gestionar los beneficios de los empleados.

Formación y desarrollo: Ya se puede impulsar el aprendizaje personalizado ya que la IA puede recomendar cursos de formación y desarrollo personalizados para los empleados en función de sus habilidades y necesidades de desarrollo.

Evaluaciones de desempeño automatizadas: La IA puede evaluar el desempeño de los empleados en función de métricas predefinidas y proporcionar retroalimentación objetiva.

Atención al empleado y Chatbots de RRHH: Los chatbots impulsados por IA pueden responder preguntas de los empleados sobre políticas de la empresa, beneficios y otros temas relacionados con RRHH.

Análisis de datos de empleados: La IA puede analizar grandes volúmenes de datos de empleados para identificar tendencias y patrones relacionados con el compromiso de los empleados, la retención y otros aspectos de RRHH.

Sector Creativo y Diseño:

La automatización y la inteligencia artificial (IA) también están dejando su huella en el sector creativo y de diseño, generando cambios significativos en la forma en que se realizan tareas y se desarrollan proyectos creativos.

Generación de Contenido y la escritura automática: La IA puede generar contenido escrito, como artículos, informes y resúmenes, a partir de datos e información proporcionada. Esto puede ser útil para la creación rápida de contenido.

Diseño Gráfico y Visual: Herramientas de IA pueden generar diseños gráficos y visuales, como logotipos, ilustraciones y presentaciones, a partir de parámetros y preferencias establecidos. Son ya varias las aplicaciones con IA que permiten la creación de gráficas y contenido visual disponible en la web, algunas incluso con una versión básica gratuita.

Edición de Contenido Multimedia: La IA puede mejorar y editar automáticamente imágenes y videos, ajustando la iluminación, el contraste y la calidad.

Recomendaciones personalizadas: La IA puede analizar el comportamiento del usuario y ofrecer recomendaciones personalizadas de contenido creativo, como música, películas o libros.

Optimización de diseño web y UX: La IA puede analizar el rendimiento de un sitio web y proponer mejoras en la experiencia del usuario (UX), como la ubicación de elementos o la organización de contenido.

Generación de Música y Arte: La creación de música y arte generativo ya es realidad. La IA puede crear música y arte de manera generativa, produciendo composiciones y obras únicas. De hecho, para muestra, el proyecto AIVA utiliza IA para componer música original. ¿Puedes creerlo?

En todos estos casos, la IA y la robótica se usan para automatizar tareas rutinarias y basadas en reglas, lo que permite a los profesionales centrarse en tareas estratégicas y creativas. Esto significa que algunos trabajos pueden verse reducidos o se reconfigurarán. La adaptación a estas tecnologías y la adquisición de habilidades relacionadas con la IA son esenciales para seguir siendo competitivos en estos sectores profesionales en evolución.

4.3 Nuevas oportunidades laborales en la era tecnológica

Hemos observado cómo la automatización y la inteligencia artificial impactan en diversos sectores profesionales y trabajos en distintas industrias. Pese a los desafíos de desplazamiento laboral, también generan oportunidades en la era tecnológica.

Dado que este fenómeno está en pleno desarrollo, variando según la madurez entre un mercado versus otro, a continuación, se comparten algunas de estas oportunidades y nuevos roles, considerando sus funciones con algunos ejemplos sencillos pero clarificadores:

Especialistas en IA y aprendizaje automático:

En esta era de cambio constante, la inteligencia artificial ilumina sectores emergentes y oportunidades laborales que requieren innovación y adaptabilidad. Con la creciente adopción de IA, la demanda de profesionales capaces de desarrollar y mantener sistemas de IA y algoritmos de aprendizaje automático está en aumento.

Su función es diseñar, desarrollar y gestionar sistemas de inteligencia artificial y algoritmos de aprendizaje automático que permiten a las máquinas aprender y tomar decisiones basadas en datos. Esto impulsa la automatización, la toma de decisiones inteligentes y la personalización en diversos campos e industrias.

Ejemplos de su contribución incluyen:

En el campo de la salud, los especialistas trabajan en algoritmos de diagnóstico y detección de enfermedades, acelerando el proceso de descubrimiento de tratamientos.

En el sector financiero, juegan un papel clave en la creación de sistemas de detección de fraudes y en la predicción de tendencias del mercado.

En la industria automotriz, están involucrados en el desarrollo de vehículos autónomos.

En el comercio en línea, son responsables de sistemas de recomendación de productos.

Estos ejemplos muestran cómo dan forma al futuro en diferentes campos, impulsando la innovación y mejorando la eficiencia en una amplia gama de industrias. Su demanda seguirá creciendo con el avance de la tecnología, convirtiéndolos en figuras centrales en la transformación digital de la sociedad y la economía.

Científicos de datos:

Con la tendencia del Big Data, los científicos de datos son esenciales en la era de la información. Su misión es explorar y dar sentido a la inmensa cantidad de datos generados diariamente en nuestro mundo digital. Estos profesionales son conocidos por su capacidad para analizar, interpretar y extraer información valiosa de los datos, lo que se traduce en una toma de decisiones más informada y en soluciones empresariales más efectivas. Ejemplos:

En empresas y comercio electrónico, analizan el comportamiento del cliente y las tendencias del mercado.

En el campo de la salud, trabajan en análisis de datos médicos, desde registros electrónicos de pacientes hasta datos de ensayos clínicos.

En empresas de tecnología y redes sociales, estudian el comportamiento de los usuarios en línea.

En el campo de la energía y el medio ambiente, recopilan y analizan datos para la toma de decisiones sostenibles.

En la industria del entretenimiento y los medios de comunicación, utilizan datos de audiencia y preferencias para personalizar la programación y mejorar la recomendación de contenido. Su capacidad para encontrar patrones ocultos impulsa la toma de decisiones en diversos campos y contribuye a la innovación y la eficiencia. Su demanda en el mercado laboral sigue aumentando, lo que los convierte en profesionales altamente buscados en la economía digital.

Ingenieros de software y desarrolladores de aplicaciones:

La creación de aplicaciones y sistemas basados en IA requiere un talento significativo en desarrollo de software. Estos profesionales son los artífices detrás de la creación de software y aplicaciones que impulsan nuestras vidas digitales. Su papel es fundamental en la actual transformación digital, donde la tecnología se ha infiltrado en todos los aspectos de la sociedad y la economía. Ejemplos de su contribución:

En el campo de la Tecnología y Software Empresarial, diseñan y desarrollan sistemas de software utilizados por empresas para gestionar operaciones internas de las variadas naturalezas, administrativos y contables, gestión de clientes, ventas y atención, etc.

En el ámbito de las aplicaciones móviles, son estos profesionales quienes, basado en claros patrones, metodologías y objetivos, crean las aplicaciones para los dispositivos móviles y sus distintas variantes.

En seguridad cibernética, trabajan en conjunto con otros desarrolladores para la creación y mejora de sistemas de seguridad para proteger datos y sistemas contra los ataques cibernéticos.

En la automatización industrial, desarrollan software para controlar los procesos y automatización de dispositivos y maquinarias que intervienen en la producción de bienes en las fábricas.

En el campo de la ciencia de datos, son aliados clave que crean herramientas y sistemas para la captura, el procesamiento y el análisis de grandes conjuntos de datos.

Su capacidad para programar, diseñar interfaces de usuario amigables y resolver problemas de manera creativa es fundamental en la economía digital actual. A medida que la tecnología sigue evolucionando, la demanda de Ingenieros de Software y Desarrolladores de Aplicaciones sigue creciendo, lo que los convierte en profesionales altamente solicitados en el mundo tecnológico.

Expertos en ética de la IA:

Con el crecimiento de la IA en nuestras vidas, surge una preocupación creciente por la ética. Los expertos en ética de la IA son clave para garantizar el uso justo y responsable de la IA en varios aspectos, especialmente en el empleo. Estos profesionales desarrollan directrices éticas, supervisan la conformidad con las regulaciones y resuelven dilemas éticos.

Su misión es abordar dilemas éticos y preocupaciones relacionadas con la IA, desarrollando pautas y estándares para su uso adecuado. Estos profesionales son esenciales para equilibrar el avance tecnológico con consideraciones éticas. En algunos campos e industrias, sus conocimientos y aportaciones son cruciales.

Los Expertos en Ética de la IA en la salud y medicina se ocupan de cuestiones éticas relacionadas con el uso de algoritmos de IA en el diagnóstico y tratamiento médico. Trabajan en la formulación de directrices para garantizar la privacidad del paciente, la equidad en el acceso a la atención y la transparencia en el uso de datos de salud.

En el ámbito de la IA autónoma, estos profesionales abordan temas éticos de sistemas de inteligencia que pueden tomar decisiones sin la intervención humana, como vehículos autónomos, drones y maquinaria. Desarrollan marcos éticos para garantizar la seguridad y la responsabilidad en estas tecnologías.

Los Expertos en Ética de la IA en información y privacidad se centran en la privacidad de los datos y la ética en la recopilación, almacenamiento y uso de información personal. Trabajan en políticas de privacidad y en la protección de datos para garantizar que los usuarios tengan control y seguridad sobre sus datos.

En el entorno empresarial, estos profesionales desarrollan políticas éticas para el uso de IA en la toma de decisiones corporativas, en especial en áreas como la contratación y la gestión de los recursos humanos. También se enfocan en abordar y desarrollar temas relacionados con el sesgo algorítmico y la equidad en el lugar de trabajo.

En la investigación y desarrollo (R&D) de la IA, los Expertos en Ética se aseguran de que se sigan pautas éticas en la creación de algoritmos y sistemas de IA. Supervisan la transparencia en la investigación y abordan preocupaciones éticas en proyectos de vanguardia.

En cada uno de estos campos, los Expertos en Ética de la IA desempeñan un papel fundamental en la garantía de que la tecnología se utilice de manera responsable y se evite el impacto negativo en la sociedad. Trabajan en colaboración con ingenieros, desarrolladores y tomadores de decisiones para establecer estándares éticos que guíen el desarrollo y la implementación de la IA.

Especialistas en Ciberseguridad. Los Guardianes Digitales de la Era Tecnológica:

En un mundo cada vez más digitalizado y automatizado, la ciberseguridad se ha convertido en una preocupación crítica en todas las industrias. Los Especialistas en Ciberseguridad se dedican a proteger sistemas, redes y datos contra las crecientes amenazas cibernéticas y buscan garantizar la privacidad y la integridad de la información. Su papel es esencial en la prevención y la mitigación de ataques cibernéticos.

Las empresas y organizaciones manejan una gran cantidad de datos sensibles, que incluyen información financiera, datos de clientes, registros médicos y propiedad intelectual. La pérdida o el acceso no autorizado a estos datos pueden tener consecuencias graves, como el robo de identidad, la pérdida de confianza del cliente y daños financieros.

Los ciberataques pueden interrumpir las operaciones comerciales y administrativas normales, lo que resulta en pérdida de ingresos, costos de recuperación y una reputación dañada. La ciberseguridad ayuda a garantizar la continuidad del negocio y a minimizar el impacto de los incidentes cibernéticos.

La mayoría de las industrias están sujetas a regulaciones estrictas en cuanto a la protección de datos y la privacidad. El incumplimiento de estas regulaciones puede dar lugar a sanciones legales y multas significativas. La ciberseguridad garantiza que las organizaciones cumplan con estas normativas.

Un ciberataque exitoso puede dañar la reputación de una empresa de manera irreversible, lo que afecta la confianza de los clientes y socios comerciales. La ciberseguridad ayuda a preservar la reputación de una empresa.

Los ataques cibernéticos, como el phishing y el robo de credenciales, pueden llevar a actividades fraudulentas que afectan las finanzas de una organización. La ciberseguridad ayuda a prevenir estos fraudes.

En sectores como la energía, los servicios públicos y el transporte, la ciberseguridad es esencial para evitar ataques que puedan interrumpir la infraestructura crítica, como redes eléctricas y sistemas de control industrial.

La ciberseguridad no solo se trata de proteger datos y sistemas, sino también de garantizar la seguridad de los empleados. Los ataques cibernéticos pueden poner en peligro la privacidad y la seguridad personal de los trabajadores.

Con la creciente adopción de tecnologías digitales y la automatización, la ciberseguridad se ha vuelto aún más crítica. La transformación digital ha aumentado la superficie de ataque y la exposición a riesgos cibernéticos.

Las empresas invierten en investigación y desarrollo para crear productos y servicios innovadores. La ciberseguridad protege también esa propiedad intelectual y evita la fuga de información confidencial a competidores o atacantes.

Los Especialistas en Ciberseguridad en empresas y comercio electrónico desarrollan y supervisan políticas y sistemas de seguridad cibernética, protegen los datos de los clientes y garantizan la seguridad de las transacciones en línea.

En el sector financiero, estos profesionales son clave ya que se encargan de proteger datos financieros sensibles y garantizar la integridad de las transacciones. También desarrollan sistemas de detección de fraudes y supervisan la seguridad de las operaciones bancarias en línea.

En el campo de la salud, los especialistas en ciberseguridad aseguran la protección de datos médicos confidenciales y sistemas de información de pacientes. Esto incluye la prevención de ataques a dispositivos médicos conectados a Internet y la garantía de que la telemedicina sea segura.

En el ámbito gubernamental y de defensa, estos profesionales protegen la infraestructura crítica y la información clasificada. Desarrollan estrategias de ciberseguridad para prevenir intrusiones y ataques cibernéticos de actores estatales o no estatales.

En la industria manufacturera, los Especialistas en Ciberseguridad protegen las redes y sistemas de control industrial, evitando ataques que puedan interrumpir la producción o poner en peligro la seguridad en la planta.

En el sector energético y de servicios públicos, estos profesionales se encargan de proteger las redes eléctricas y de servicios públicos contra ataques cibernéticos que podrían causar apagones o interrupciones en los servicios esenciales.

En todos estos campos, los especialistas en ciberseguridad desempeñan un papel vital en la protección de datos, sistemas y redes. Con la vista y creciente automatización dependiente de la tecnología, la ciberseguridad se ha convertido en un componente crítico para garantizar la continuidad de operaciones y la protección de la información en la era digital actual.

Desarrolladores de Chatbots. Los nuevos Arquitectos de la Comunicación Digital

En la era de la revolución tecnológica actual, los Desarrolladores de Chatbots y Asistentes Virtuales desempeñan un papel esencial en la transformación de la comunicación y la interacción entre las empresas y sus clientes. Estos profesionales tienen la tarea de crear sistemas de inteligencia artificial que pueden comunicarse con los usuarios de manera natural y eficiente.

En sus funciones principales, los Desarrolladores de Chatbots y Asistentes Virtuales diseñan y desarrollan sistemas de conversación que pueden comprender y responder a las consultas de los usuarios. Esto implica la programación de algoritmos de procesamiento de lenguaje natural (NLP) y la creación de bases de conocimiento.

Además, son responsables de entrenar a los chatbots y asistentes virtuales para que sean cada vez más inteligentes y precisos, lo que incluye la revisión de interacciones y la incorporación de retroalimentación de los usuarios.

También se encargan de la integración efectiva de los chatbots en diversas plataformas, desde sitios web hasta aplicaciones móviles y redes sociales.

Los Desarrolladores de Chatbots y Asistentes Virtuales adaptan los chatbots para proporcionar respuestas y servicios personalizados a los usuarios, mejorando la experiencia del cliente.

Garantizan la seguridad de la información transmitida a través de estos sistemas, asegurándose de que cumplan con las regulaciones de privacidad.

Los chatbots se utilizan en el servicio al cliente para brindar respuestas rápidas y precisas a las consultas de los clientes, reduciendo la carga de trabajo de los agentes de servicio al cliente.

En el comercio en línea, los chatbots ayudan a los usuarios a encontrar productos, realizar compras y recibir asistencia postventa de manera eficiente.

Los asistentes virtuales en el campo de la salud pueden proporcionar información médica, programar citas y recordar a los pacientes la toma de medicamentos.

En la banca y las finanzas, los chatbots se utilizan para realizar transacciones bancarias, consultar saldos y proporcionar asesoramiento financiero personalizado.

En la educación en línea, los chatbots pueden ayudar a los estudiantes a obtener respuestas a preguntas académicas y proporcionar orientación en el proceso de aprendizaje.

La labor de los Desarrolladores de Chatbots y Asistentes Virtuales es una parte integral de la transformación digital que está ocurriendo en diversos sectores. Su capacidad para crear sistemas de comunicación efectivos y eficientes a través de la inteligencia artificial es crucial para mejorar la experiencia del usuario y aumentar la eficiencia operativa de las organizaciones. Con la creciente demanda de interacciones digitales, su importancia en el presente y futuro del empleo es innegable.

Especialistas en Automatización de Procesos:

La automatización de procesos robóticos (RPA) es una tendencia importante en la automatización de tareas. Los especialistas en RPA diseñan y gestionan estos sistemas. Los Especialistas en Automatización de Procesos son profesionales altamente especializados que desempeñan un papel clave en la optimización y eficiencia de las operaciones comerciales. Su enfoque principal es identificar procesos manuales que pueden ser automatizados, diseñar soluciones tecnológicas y supervisar su implementación.

En la industria manufacturera, los Especialistas en Automatización de Procesos desarrollan sistemas para mejorar la eficiencia de la producción. Esto incluye la implementación de robots industriales, sistemas de control de calidad automatizados y sistemas de gestión de inventario.

En logística y cadena de suministro, estos profesionales diseñan sistemas para el seguimiento y gestión de inventarios, planificación de rutas y distribución de productos, lo que permite una entrega más rápida y eficiente de bienes.

En el sector financiero, los Especialistas en Automatización de Procesos automatizan tareas relacionadas con la gestión de cuentas, la aprobación de préstamos, la contabilidad y la generación de informes financieros, mejorando la velocidad y la precisión de las operaciones financieras.

En recursos humanos, automatizan procesos de contratación, gestión de nóminas y seguimiento del desempeño, liberando tiempo para tareas estratégicas, como la retención y el desarrollo de talento.

En el campo de la salud, desarrollan sistemas de registro médico electrónico, automatizan la facturación y gestionan la programación de citas, lo que mejora la eficiencia de los hospitales y la atención al paciente.

En el servicio y atención al cliente, automatizan respuestas a preguntas frecuentes, rastreo de solicitudes y seguimiento de problemas técnicos, acelerando la resolución de problemas y mejorando la experiencia del cliente.

En cada uno de estos campos, los Especialistas en Automatización de Procesos desempeñan un papel fundamental en la transformación digital de las organizaciones. Su experiencia en identificar áreas de mejora, diseñar soluciones y gestionar la implementación de tecnologías de automatización es esencial para aumentar la eficiencia operativa y reducir los costos.

Especialistas en Experiencia del Cliente (CX). Los Ingenieros de la Satisfacción del Cliente:

Los Especialistas en Experiencia del Cliente (CX) desempeñan un papel fundamental en la gestión estratégica de cómo los clientes perciben y se relacionan con una empresa o marca. Su objetivo principal es garantizar que la interacción del cliente con la organización sea positiva y satisfactoria en cada punto de contacto.

Los Especialistas en Experiencia del Cliente (CX) evalúan y analizan la percepción y la satisfacción de los clientes a través de encuestas, análisis de datos y retroalimentación directa. Identifican áreas de mejora y oportunidades para aumentar la satisfacción del cliente. También desarrollan estrategias y programas para mejorar la experiencia del cliente en todos los puntos de contacto, desde el sitio web y las redes sociales hasta el servicio postventa. Definen indicadores clave de rendimiento (KPIs) y métricas para medir la satisfacción del cliente y el éxito de las estrategias CX, estableciendo sistemas de seguimiento y análisis continuo. Supervisan y gestionan las interacciones de los clientes en tiempo real, ya sea en línea, en tiendas físicas o en centros de llamadas, garantizando que las interacciones sean eficientes y satisfactorias.

En la industria de la Hospitalidad y Turismo, los CX se aseguran de que los huéspedes tengan una estancia agradable, desde la reserva en línea hasta el check-out. En el comercio minorista o retail, los CX diseñan experiencias de compra atractivas, mejorando la navegación en línea, la atención al cliente y la facilidad de devolución de productos o canalización de sus reclamos. En el sector de las telecomunicaciones, los CX trabajan en la mejora de la atención al cliente y la resolución de problemas, lo que es crucial para la retención de clientes y refuerzo de la salud de la marca. Los bancos y las instituciones financieras utilizan CX para mejorar la experiencia del cliente en la banca en línea, entregar información valiosa y de procedimiento para la asesoría financiera y la gestión de reclamaciones. En la atención médica, los CX se centran en garantizar que los pacientes tengan una experiencia positiva desde la programación de citas hasta las distintas etapas de la atención médica.

En cada uno de estos sectores, los Especialistas en Experiencia del Cliente (CX) desempeñan un papel vital en la creación de lealtad del cliente y en la mejora de la percepción de la marca. Su labor contribuye directamente a la retención de clientes y al crecimiento del negocio al asegurarse de que cada interacción sea memorable y positiva.

Profesionales de la Educación en Tecnología. Facilitadores del Aprendizaje Digital:

La creciente dependencia de la tecnología en todas las industrias ha hecho que la capacitación en nuevas habilidades tecnológicas sea esencial. Los profesionales que pueden enseñar y capacitar a otros en tecnología son invaluables hoy. Al considerar cómo deben ser estos profesionales y cómo pueden contribuir en diversos sectores, debemos destacar algunas características:

Experiencia Técnica Profunda: Deben poseer un conocimiento técnico sólido en las tecnologías relevantes para comprender a fondo las herramientas y plataformas que están enseñando.

Habilidad de Comunicación: Deben ser comunicadores efectivos, capaces de explicar conceptos tecnológicos de manera clara y comprensible para facilitar el aprendizaje.

Adaptabilidad: Dado que la tecnología está en constante evolución, estos profesionales deben ser adaptables y estar dispuestos a aprender nuevas tecnologías y métodos de enseñanza.

Empatía: Comprender las necesidades y los niveles de habilidad de los estudiantes es importante, lo que requiere paciencia y fomentar el aprendizaje a su propio ritmo.

Habilidades Pedagógicas: Conocer las mejores prácticas en pedagogía y diseño instruccional es esencial para crear experiencias de aprendizaje efectivas.

En cuanto a los sectores donde estos Profesionales de la Educación en Tecnología tendrían acogida:

En el ámbito educativo, pueden capacitar a maestros y estudiantes en el uso de tecnología educativa, desde plataformas en línea hasta herramientas de colaboración.

En empresas, son fundamentales para capacitar a los empleados en nuevas herramientas y sistemas, mejorando la eficiencia y la productividad en áreas como la gestión de proyectos y la comunicación interna.

En la atención médica, pueden entrenar a profesionales de la salud en el uso de sistemas de registro electrónico de pacientes y supervisar el manejo de la tecnología médica avanzada.

En la industria y manufactura, pueden capacitar a los trabajadores en el uso de tecnología de automatización y maquinaria avanzada.

En el ámbito creativo, como las artes y el diseño, pueden enseñar a artistas y diseñadores a utilizar software de diseño y herramientas digitales.

En el sector público y organizaciones sin fines de lucro, pueden desempeñar un papel importante en la capacitación de empleados y ciudadanos en desarrollar habilidades digitales.

La tecnología es una herramienta poderosa, pero solo es efectiva cuando las personas saben cómo usarla. Los profesionales de la educación en tecnología desempeñan un papel crucial al capacitar a otros para aprovechar al máximo las innovaciones tecnológicas en una variedad de sectores. Su contribución es esencial para garantizar que la fuerza laboral esté preparada para los desafíos de la era digital.

Consultores Tecnológicos:

Los Consultores Tecnológicos desempeñan un papel esencial en la planificación y ejecución de estrategias de transformación digital en empresas de diversas industrias. Su experiencia técnica y visión estratégica les permite guiar a las empresas en la adopción efectiva de tecnologías innovadoras.

Entre sus funciones principales y su valor en diferentes campos o industrias, destacamos:

Análisis de Necesidades: Evalúan las necesidades tecnológicas y comerciales de una organización, identificando oportunidades para mejorar la eficiencia, productividad y competitividad a través de soluciones tecnológicas.

Desarrollo de Estrategias Digitales: Diseñan estrategias digitales personalizadas, incluyendo la selección e implementación de tecnologías, la optimización de procesos y la alineación con objetivos comerciales.

Selección de Tecnología: Ayudan a las empresas a elegir las soluciones tecnológicas adecuadas, como sistemas de gestión empresarial, software de análisis de datos o plataformas de comercio electrónico.

Gestión de Proyectos: Acompañan y dirigen proyectos de transformación digital, desde la planificación hasta la implementación, garantizando el cumplimiento de plazos y presupuestos asociados a herramientas tecnológicas.

Capacitación del Personal: Ofrecen capacitación a empleados para garantizar su eficaz uso de las nuevas tecnologías en sus procesos.

En campos e industrias como Salud, Educación, Finanzas, Manufactura y Retail, los Consultores Tecnológicos aportan valor y son agentes de cambio en la adopción de la innovación tecnológica. Su capacidad para traducir la tecnología en soluciones estratégicas les permite ser catalizadores clave en la transformación de diversas industrias.

Desarrolladores de Realidad Virtual y Aumentada. Arquitectos de Experiencias Inmersivas:

Los Desarrolladores de Realidad Virtual (RV) y Realidad Aumentada (RA) son profesionales altamente especializados que crean experiencias digitales inmersivas que combinan elementos virtuales con el mundo real. Su habilidad técnica y creatividad les permite diseñar aplicaciones y contenido que transforman la forma en que las personas interactúan con la información y el entretenimiento. Sus funciones principales incluyen:

Desarrollo de Aplicaciones y Contenido: Diseñan aplicaciones, juegos y experiencias de RV y RA que aprovechan la tecnología para ofrecer experiencias únicas y envolventes.

Programación y Codificación: Utilizan lenguajes de programación y motores de desarrollo para crear elementos virtuales y asegurar la interacción fluida con el mundo real.

Diseño de Interfaz de Usuario (UI) y Experiencia de Usuario (UX): Crean interfaces intuitivas y experiencias atractivas para una interacción efectiva en RV o RA.

Integración de Hardware: Trabajan con dispositivos de RV y RA, como gafas y sensores, para garantizar una experiencia sin problemas y de alta calidad.

En sectores como Entretenimiento, Educación, Medicina, Arquitectura, Turismo, Manufactura y Mantenimiento, los Desarrolladores de RV y RA aportan valor y están en la vanguardia de la tecnología, impulsando la adopción de experiencias inmersivas en una variedad de campos. Su capacidad para crear contenido que transforma la interacción entre el mundo real y digital los convierte en profesionales clave en la era de la tecnología emergente.

El texto actual solo recoge y explora algunas oportunidades laborales surgen en medio de este cambio tecnológico, pero permiten dar una idea u orientación al lector de cómo se aplican en los variados sectores. A continuación, examinemos el papel clave de la educación y la capacitación para prepararnos en conocimiento y habilidades clave que nos permitirán enfrentar los desafíos de la era digital.

Capítulo 5:

La educación en la era de la disrupción tecnológica

Hemos observado que la brecha de habilidades digitales y técnicas es una variable clave para mantener la relevancia en el mercado laboral en medio del inminente desempleo tecnológico. Conforme las máquinas y los algoritmos se vuelven más sofisticados, la revolución tecnológica actual, impulsada por la automatización y la inteligencia artificial (IA), está transformando de manera radical nuestro entorno laboral.

Indistintamente del sector, industria o área profesional en la que nos desempeñemos, debemos comprender que la presente revolución tecnológica nos impactará a todos en distintos niveles ya sea de manera directa o indirecta. Por lo tanto, debemos ser conscientes de que se nos presenta un desafío personal para contar con la debida preparación.

5.1 La importancia de la educación continua

Uno de los principales retos en la actualidad es la brecha de habilidades digitales y técnicas. La tecnología avanza a un ritmo vertiginoso que puede resultar intimidante para muchos. Aquellos que no mantienen las habilidades necesarias para operar en un entorno digitalizado enfrentan el riesgo de quedarse rezagados en el mercado laboral o incluso quedar excluidos. Tanto la educación tradicional como el nuevo paradigma educativo deben abordar este problema de manera efectiva.

Este tema está influenciado por muchas variables, incluyendo factores políticos, económicos, sociales e ideológicos, lo que lo hace sumamente complejo. A la vez, la forma de impartir la educación se convierte en parte del desafío para alcanzar a una población mayor en edad de educación y al contingente laboral existente que necesita desarrollar nuevas habilidades y conocimientos.

La educación tradicional, basada en aulas físicas y currículos estáticos, ha sido el modelo predominante durante décadas. A pesar de su efectividad en la transmisión de conocimientos fundamentales, a menudo lucha por mantenerse actualizada con las demandas cambiantes del mercado laboral. Las habilidades digitales y técnicas a menudo se enseñan de manera fragmentada o insuficiente, dejando a los graduados con notables brechas en sus habilidades.

El enfoque educativo tradicional tiene ciertas limitaciones y desafíos en el contexto de la disrupción tecnológica. La educación se lleva a cabo en aulas físicas con horarios y estructuras de aprendizaje predefinidos. Esto puede ser restrictivo, ya que no se adapta eficazmente a las necesidades individuales o a los avances tecnológicos en tiempo real.

En muchas ocasiones, la educación tradicional se ha centrado en la memorización de hechos y conceptos, evaluados mediante exámenes estandarizados, lo que no fomenta el pensamiento crítico, la resolución de problemas ni la aplicación práctica de conocimientos, habilidades esenciales en el entorno laboral actual y futuro.

Uno de los desafíos críticos es que la educación tradicional a menudo no enfatiza la enseñanza de habilidades digitales y técnicas necesarias para tener éxito en un mundo cada vez más tecnológico. Las materias STEM a menudo no se incluyen en los planes educativos, dejando a los graduados con brechas en estas áreas.

Los métodos de enseñanza en la educación tradicional tienden a ser uniformes para todos los estudiantes, independientemente de sus estilos de aprendizaje, intereses o habilidades individuales. Esto puede llevar a la falta de motivación y bajo rendimiento.

La educación tradicional tiene dificultades para mantenerse al día con los avances tecnológicos y las tendencias cambiantes en el mercado laboral, lo que hace que los currículos no se actualicen rápidamente.

Además, la educación tradicional puede ser geográficamente limitada, lo que dificulta el acceso a la educación de calidad en áreas remotas. También puede ser costosa y no accesible para todos, excluyendo a ciertos grupos de la población. La rigidez del sistema dificulta que los adultos que trabajan o tienen responsabilidades familiares continúen su educación y adquieran nuevas habilidades a lo largo de sus vidas.

La educación continua se ha vuelto esencial debido a la rápida evolución tecnológica y a la transformación de la demanda laboral.

La obtención de certificaciones profesionales se ha convertido en una estrategia efectiva para demostrar habilidades y competencias.

Hay diversas formas de educación continua, desde cursos en línea ofrecidos por múltiples plataformas hasta cursos de universidades famosas. También se pueden participar en talleres y seminarios que permiten aprender directamente de expertos en el campo y establecer conexiones con otros profesionales. Las certificaciones profesionales son una estrategia efectiva para demostrar habilidades y destacar en un mercado laboral competitivo. Por otra parte, algunas empresas ofrecen programas de formación en el trabajo y reembolsan los costos de educación continua. Para objetivos más avanzados, se considera obtener títulos académicos adicionales, centrándote en habilidades digitales relevantes y eligiendo programas bien actualizados.

La intención de la obra no es criticar la educación tradicional en su conjunto, pero cuestionar sus efectos, como se mencionó anteriormente. Una consecuencia natural es que la educación tradicional suele tener dificultades para mantenerse al día con los avances tecnológicos y las tendencias cambiantes en el mundo laboral, en tiempo y forma. En las últimas décadas, los currículos de los distintos niveles educativos pueden tardar varios años en actualizarse, lo que significa que los graduados pueden no estar equipados con las habilidades más relevantes y necesarias para el mercado laboral vigente. Imaginen entonces cuán desfasados están y estarán los currículos si consideramos la acelerada disrupción tecnológica y digitalización que experimenta nuestro mundo en los años recientes y más aún en los venideros.

Sumando un par de aspectos, tenemos que, desde sus inicios, la educación tradicional a menudo está geográficamente limitada, lo que dificulta el acceso a la educación de calidad para personas en áreas remotas. Sin entrar en un punto polémico y crudo, la educación tradicional puede ser costosa y no accesible para todos, excluyendo a ciertos grupos de la población. Por otra parte, la rigidez que caracteriza a la educación tradicional puede hacer que sea difícil para los individuos adultos que trabajan o que tienen responsabilidades familiares seguir educándose y adquirir nuevas habilidades a lo largo de sus vidas. Si no, basta preguntar a quienes han tenido que realizar estudios de posgrado o especializaciones considerando los puntos mencionados.

Pero bien, aunque la educación tradicional ha desempeñado un papel fundamental en la formación de generaciones anteriores, claramente enfrenta desafíos significativos en la era de la disrupción tecnológica. Sin embargo, no debemos usar esto como excusa ni como un escudo para escondernos de la imprescindible adaptación que necesitamos para enfrentar las demandas cambiantes del mercado laboral y la urgente incorporación de habilidades digitales y técnicas. Esto es fundamental para que sigamos siendo profesionales, trabajadores activos, empleados e incluso funcionarios relevantes en el futuro más próximo. Más allá del paradigma de la educación tradicional, la educación continua y el aprendizaje especializado se vuelven una necesidad para mantenernos vigentes laboralmente, y para quienes se desempeñan como autónomos en sus oficios o profesiones y ven cómo está cambiando el escenario por la disrupción tecnológica.

Entonces convengamos que tener un equilibrio entre la educación tradicional y el aprendizaje continuo es clave para el éxito en esta era digital, que está en constante transformación.

5.2 Navegando en el Nuevo Mercado Laboral.

Como hemos observado, la tecnología sigue transformando industrias enteras, haciendo que la adquisición y mejora constante de habilidades digitales sea esencial para mantenerse competitivo y preparado ante las cambiantes demandas del mercado. Sin embargo, estas habilidades no se eligen al azar siguiendo tendencias tecnológicas de moda, sino que deben adaptarse a cambios específicos que se manifiestan en diversas industrias y sectores laborales. Para aprovechar al máximo la educación continua, es fundamental planificar y priorizar tus objetivos de aprendizaje.

La sugerencia principal es definir de manera clara tus objetivos de carrera o profesión y explorar las habilidades actuales que necesitas adquirir para alcanzarlos. A continuación, es necesario crear un plan de aprendizaje simple que incluya cursos, talleres o certificaciones que planeas completar, junto con un calendario para alcanzarlos. Por supuesto, es importante equilibrar tu educación continua con tus responsabilidades laborales y personales para evitar el agotamiento.

A medida que avanzas en tu camino de educación continua, es esencial evaluar regularmente tus progresos y ajustar tu plan según sea necesario, considerando tu presupuesto y otras obligaciones personales. La educación continua representa una inversión en tu futuro profesional y personal. En un momento en el que la tecnología y las demandas laborales cambian constantemente, aquellos comprometidos con el aprendizaje continuo estarán mejor preparados para enfrentar los desafíos y aprovechar las oportunidades en este emocionante panorama laboral en constante evolución.

Para entender por qué la capacitación en habilidades digitales y tecnológicas es fundamental y cómo puede apoyarte en tu ámbito profesional, visitemos los siguientes aspectos:

Relevancia en el Mercado Laboral/Profesional: Las habilidades digitales y tecnológicas son cada vez más relevantes en muchas industrias, pues actualmente interviene varios de sus procesos y, en el mediano plazo, aumenta notablemente como hemos visto. Desde la programación hasta la analítica de datos, estas habilidades son demandadas por empleadores que buscan adaptarse y prosperar en la era digital.

Adaptación a la Digitalización: La digitalización está transformando la forma en que se hacen negocios incluso hasta en las industrias más tradicionales. La capacitación en habilidades digitales te permite comprender y utilizar herramientas y plataformas digitales para mejorar la eficiencia y la productividad en tu trabajo.

Aumento de la Empleabilidad: Las personas con habilidades digitales sólidas y conocimiento de la tecnología son y serán cada día más empleables. Estas habilidades a menudo se consideran un activo valioso que puede abrir puertas a una variedad de oportunidades laborales.

Aprovechamiento y acompañamiento de la automatización: A medida que la automatización se vuelve más común en diversas industrias, aquellos con habilidades digitales y que sepan acompañar este proceso, pueden colaborar con la tecnología en lugar de ser reemplazados por ella. La capacitación adecuada te permite aprovechar la automatización para mejorar tu trabajo.

Re-skilling y Up-skilling: La capacitación en habilidades digitales no se limita sólo a aquellos que comienzan en carreras tecnológicas. Los profesionales en campos no técnicos o informáticos pueden de igual forma realizar re-skilling (adquirir nuevas habilidades) o up-skilling (mejorar habilidades existentes) para mantenerse al día y en particular adaptarlas a su sector y trabajar en colaboración con ellas, en especial en los aspectos que sean más afines a intervenir en su sector directa o indirectamente.

Aprendizaje Continuo: Ya profundizamos como en un mundo en constante evolución, el aprendizaje continuo es esencial. Pero destacamos que además la capacitación en habilidades digitales fomenta una mentalidad de mejora constante y adaptación a medida que cambian las tecnologías y las tendencias, permitiendo al colaborador explorar nuevas maneras de aportar valor en sus roles.

Emprendimiento y Creatividad: Las habilidades digitales también permiten la innovación y el emprendimiento. Los emprendedores digitales pueden crear startups o encontrar soluciones innovadoras en su organización las que aborden problemas contemporáneos.

Globalización del Trabajo: Apartado de cualquier discusión de corte ideológico, la tecnología ha globalizado el trabajo y cada vez más se aprecia cómo los distintos roles atraviesan fronteras de manera online, asumiendo más responsabilidades regionales, lo que significa que debes estar preparado para colaborar con personas de todo el mundo utilizando herramientas digitales y plataformas de comunicación en línea.

En resumen, la capacitación en habilidades digitales y tecnológicas puede realizarse mediante cursos en línea, programas de certificación, talleres o mediante la práctica autodidacta. Independientemente de la forma que elijas, invertir en tu desarrollo digital es una inversión en tu futuro laboral y te coloca en una posición ventajosa en un mercado laboral cada vez más competitivo y digitalizado. Estas transformaciones también tendrán un impacto inminente en la forma en que se desarrollan las organizaciones, desde emprendedores hasta grandes empresas.

Capítulo 6:

El papel de los gobiernos y las políticas públicas

La creciente presencia de la inteligencia artificial en nuestra sociedad ha generado un profundo debate sobre su impacto en la economía y el empleo. Hasta el momento de escribir esta obra, una carta abierta firmada por una coalición diversa de voces influyentes en la tecnología ha llamado la atención global. Entre los firmantes se encuentran destacados líderes de la industria tecnológica, junto con un grupo de más de 1,000 personas, que incluye destacados investigadores en el campo de la inteligencia artificial, incluyendo a sus principales creadores y desarrolladores. En esta carta, se hace un llamado para detener la implementación de nuevas inteligencias artificiales durante un lapso de seis meses. Este llamado ha desencadenado una serie de debates sobre el papel de los gobiernos y las políticas públicas en el contexto de la disrupción tecnológica y la amenaza que representa para el empleo.

La carta se dirige a los laboratorios de inteligencia artificial, principalmente de Occidente, que están inmersos en una carrera descontrolada por desarrollar y desplegar sistemas de IA cada vez más poderosos. Según los firmantes, esta carrera está impidiendo gestionar y controlar adecuadamente los "profundos riesgos para la sociedad y la humanidad" que estas nuevas tecnologías conllevan. La advertencia se centra en la necesidad de una planificación y gestión más cuidadosa de la inteligencia artificial avanzada, que podría representar un cambio significativo en la historia de la vida en la Tierra.

La falta de planificación y gestión adecuadas ha llevado a un escenario en el que los laboratorios de IA desarrollan sistemas que ni sus propios creadores pueden entender, predecir o controlar de manera confiable. La preocupación no es infundada, ya que la rápida evolución de la IA ha llevado a crear modelos de lenguaje, como Chat GPT, que se han popularizado muy rápidamente entre el público, lo que ha impulsado nuevas versiones y otros desarrollos impresionantes, como una IA generativa de imágenes.

Mientras que, para muchos, estas tecnologías son motivo de entusiasmo y diversión, los recientes avances en inteligencia artificial representan para otros "profundos riesgos para la sociedad y la humanidad". Esto plantea grandes interrogantes sobre el papel que los gobiernos y las políticas públicas, tal como las conocemos hoy, deben desempeñar en el contexto de la disrupción tecnológica y la proliferación de la inteligencia artificial.

En este sentido, los gobiernos enfrentan un desafío monumental en la formulación de políticas que equilibren la innovación tecnológica con la protección de los intereses y la seguridad de la sociedad. El desarrollo de regulaciones y políticas efectivas para la IA se ha vuelto una prioridad crucial. La IA plantea inquietudes significativas en una variedad de ámbitos, pero uno de los principales focos de preocupación gira en torno al impacto que podría tener en el empleo. A medida que la IA avanza, existe una creciente aprehensión sobre su capacidad para reemplazar puestos de trabajo en diversas industrias. La automatización de tareas rutinarias y repetitivas plantea preguntas urgentes sobre el futuro del empleo y la desigualdad económica.

Otro aspecto destacado en la advertencia de los expertos es la necesidad de regular la IA, en particular, la inteligencia artificial generativa. El temor no radica tanto en la tecnología en sí, sino en su aplicación y uso. La IA generativa, capaz de tomar decisiones autónomas y crear contenido, puede utilizarse de manera perjudicial, provocando la desinformación y la manipulación de la información. La regulación se convierte, por tanto, en un mecanismo vital para evitar el uso irresponsable de esta tecnología.

6.1 Gobiernos como Árbitros

En este contexto, los gobiernos desempeñan un papel central. Por un lado, deben actuar como árbitros, estableciendo regulaciones y pautas que guíen el desarrollo y uso de la IA. Esto podría implicar la imposición de restricciones en áreas específicas. También podría incluir límites a la automatización en ciertos sectores para proteger la sociedad y preservar la estabilidad económica.

Por otro lado, los gobiernos pueden funcionar como facilitadores del avance de la IA. Esto involucra invertir en investigación y desarrollo, fomentar la educación en tecnología y habilidades relacionadas con la IA, y promover la colaboración entre el sector público y privado.

Los incentivos fiscales y las políticas de apoyo a la innovación son ejemplos de medidas que pueden impulsar la industria de la IA de manera responsable. Exploremos algunas de estas ideas.

1. Los Gobiernos como Árbitros:

Como se propone, los gobiernos deben asumir el rol de árbitros para establecer regulaciones y pautas apegadas a su naturaleza que guíen el desarrollo y uso de la IA de manera responsable. Algunos de los aspectos que se vislumbran actualmente y podrían abordar esta dimensión, serían los siguientes:

Regulación Responsable:

Los gobiernos y sus entidades deben garantizar que la IA se utilice de manera ética y segura. Esto implica imponer restricciones en áreas críticas, como la vigilancia masiva y la aplicación de la IA en sistemas militares autónomos. La regulación debe abordar cuestiones de privacidad, derechos humanos y control adecuado de la tecnología.

Como ejemplo de esta regulación responsable, podemos considerar los siguientes aspectos fundamentales, entre los cuales algunos ya se vienen cuestionando y desarrollando, pero requieren de mayor fuerza y asertividad inmediata:

Privacidad de los datos: Los gobiernos pueden establecer regulaciones estrictas sobre la recopilación y el uso de datos personales. Por ejemplo, el Reglamento General de Protección de Datos (RGPD) de la Unión Europea establece reglas estrictas sobre la privacidad de los datos y cómo las organizaciones pueden utilizarlos.

Ética de la IA: Más adelante dedicamos un capítulo al tema de la ética en este campo, pero ahora podemos mencionar que los gobiernos pueden desarrollar directrices éticas para la creación y el uso de sistemas de IA que ya conocemos para abordar los impactos ya conocidos e ir perfeccionando su alcance conjuntamente este fenómeno vaya evolucionando. Por ejemplo, la Comisión Europea ha propuesto pautas éticas que abordan la transparencia, la responsabilidad y la equidad en la IA.

Control de Armas Autónomas: Para evitar el uso inadecuado de la IA en armas autónomas o asociadas a su uso en cualquier tipo de armamento ya sea físico con ayuda de componentes electrónicos – computacionales o bien sean de tipo digital, algunos gobiernos han abogado por la prohibición o la regulación estricta de sistemas que puedan tomar decisiones letales sin el criterio e intervención humana.

Límites a la Automatización:

Aunque la palabra "límites" suena muy impopular en algunos círculos, con el fin de proteger los empleos y mantener la estabilidad económica y social, los gobiernos pueden considerar la implementación de límites a la automatización en ciertos sectores. Esto garantiza que la IA no cause una interrupción masiva en el mercado laboral y que las personas tengan la oportunidad de adaptarse a los cambios de manera paulatina.

Por ejemplo, la regulación de la automatización en el transporte. En el caso del desarrollo y uso creciente de los vehículos autónomos, los gobiernos pueden establecer reglas para la prueba y el despliegue de estos vehículos en carreteras públicas. Algunos países exigen que un operador humano esté siempre listo para asumir el control.

Un punto crítico laboral sería, por ejemplo, la protección de empleos en la industria manufacturera. Sin ánimos de inmiscuir el ámbito ideológico o político, sería cuestionable que, para mitigar la automatización en la industria manufacturera y productiva, los encargados de gobierno puedan analizar ciertas restricciones temporales a la sustitución de trabajadores por robots en ciertas etapas del proceso de producción. Esto puede ayudar a preservar empleos y evitar desplazamientos masivos de trabajadores, permitiendo que la transición sea benigna y no catastrófica social y económicamente.

La Responsabilidad Legal:

Es imprescindible establecer un marco legal sólido para abordar cuestiones de responsabilidad. Si un sistema de IA causa daño o toma decisiones perjudiciales, los gobiernos deben definir quién es responsable y cómo se deben abordar las consecuencias legales.

Un ejemplo de esto sería la legislación de responsabilidad en accidentes de vehículos autónomos. Los gobiernos pueden establecer leyes que determinen quién es responsable en caso de accidentes causados por vehículos autónomos. Esto garantiza que haya claridad sobre quién debe asumir la responsabilidad en situaciones de accidente que involucran IA, ya que, con su proyectado uso en distintos niveles y utilidades, la responsabilidad tiende a fundirse en una delgada línea.

Otro aspecto ejemplar sería la regulación de sistemas de decisión autónoma en atención médica. Las autoridades de los gobiernos pertenecientes al ramo de la salud pueden establecer regulaciones que determinen cómo se deben utilizar y quién es responsable de los posibles y potenciales errores en sistemas de IA utilizados en los diagnósticos y las decisiones médicas.

Estos ejemplos ilustran cómo los gobiernos y sus instituciones pueden desempeñar un papel fundamental como árbitros en el desarrollo de la IA, garantizando su uso ética, segura y justa, mientras se protegen los intereses de la sociedad en cuanto a privacidad, empleo y responsabilidad legal.

6.2 Los Gobiernos como Facilitadores

Complementando su papel como árbitros, los gobiernos, junto a sus distintas entidades por área de interés y foco, cuentan con las facultades y manejo de las definiciones y legislaciones asociadas. Además, manejan los recursos para gestionar desde el análisis, propuestas y administración una estrategia que aborde la problemática de la disrupción tecnológica y, más importante aún, la oportunidad que representa para el desarrollo de su población y jurisdicción a cargo. Esto hace que su rol juegue a favor de que puedan funcionar como facilitadores del avance de la IA. Esto implica:

Inversión en Investigación y Desarrollo:

Los gobiernos pueden asignar recursos significativos a la investigación y desarrollo de tecnologías de IA. Estos fondos pueden utilizarse para financiar proyectos de investigación de vanguardia que promuevan avances en la IA y la robótica al servicio de la colectividad y para abordar las principales problemáticas y desafíos de su entorno.

Educación y Capacitación:

Es más que obvio que para aprovechar al máximo el potencial de la IA, se requiere una fuerza laboral capacitada. Los gobiernos definitivamente pueden y deben fomentar la educación en tecnología y habilidades relacionadas con la IA al financiar programas de capacitación, subvenciones educativas y colaboraciones con instituciones académicas. Así hemos comprobado que varios países, sin contar con recursos naturales que explotar, se han desarrollado con base en apalancar su mayor capital, a la gente de su población, con la educación tecnológica y apoyada por ella para implementar sus estrategias país, región, etc. alineados a la eficiencia, sustentabilidad y vanguardia tecnológica. Japón en los 80s, Corea del Sur desde los 90s e Irlanda desde principios del presente siglo, son casos claros de ello.

Colaboración Público-Privada:

La cooperación entre el sector público y privado es esencial para el desarrollo de la IA. Los gobiernos pueden fomentar esta colaboración al establecer plataformas y programas que permitan a las empresas y a las instituciones públicas trabajar juntas en proyectos de investigación y desarrollo. Los gobiernos pueden establecer fondos de inversión en tecnología de IA que atraigan inversión privada para proyectos innovadores. Estos fondos pueden ayudar a los startups que trabajan con IA a acceder al capital necesario para el crecimiento. En consecuencia, los gobiernos pueden complementar ofreciendo incentivos fiscales para las empresas que invierten en investigación y desarrollo de tecnología de IA. Esto reduce la carga fiscal para las organizaciones y alienta la inversión en tecnología avanzada creando un círculo virtuoso de más desarrollo y crecimiento. Además, las entidades de gobierno pueden ofrecer incentivos fiscales y políticas de apoyo a la innovación para estimular la inversión en tecnología de IA. Esto atraerá más inversiones internacionales y promoverá la innovación.

Se estima que estos ejemplos ilustran cómo los gobiernos y sus entidades relacionadas pueden y deben desempeñar un papel muy activo en la facilitación del desarrollo de la IA al invertir en investigación, promover la educación y la colaboración público-privada, e incentivos que estimulen la innovación en el campo de la IA. Esta colaboración puede ayudar a promover un ecosistema de IA más saludable y competitivo a nivel global.

Colaboración Internacional:

Dada la naturaleza global de la IA y sus potenciales riesgos, la cooperación internacional se torna fundamental. Por su alcance y naturaleza, los gobiernos deben colaborar en la regulación y el intercambio de mejores prácticas para asegurar un enfoque coherente y efectivo en todo el mundo. Esto es relevante cuando la competencia tecnológica internacional podría llevar a una carrera sin control en la creación de IA y nuevas tecnologías cada vez más poderosas.

A medida que la IA no conoce fronteras y su impacto se extiende más allá de las jurisdicciones nacionales, los gobiernos deben trabajar conjuntamente para establecer regulaciones coherentes y efectivas.

Si pensamos en cómo puede lograrse esta cooperación internacional de parte de los gobiernos y autoridades regionales, podemos confirmar que un punto clave son los Estándares Globales. Los gobiernos pueden colaborar en la creación de estándares globales de seguridad y ética para la IA y sus derivados. Sin ánimo de restringir su uso y continuo desarrollo, garantiza que los desarrollos en sistemas de IA cumplan con ciertos requisitos mínimos y trabajen apegados en privacidad, transparencia y seguridad. Por ejemplo, la Unión Internacional de Telecomunicaciones (UIT) está trabajando en estándares internacionales para la IA.

Por otro lado, los países pueden compartir información y mejores prácticas en la regulación de la IA. Esto incluye el intercambio de datos e información sobre incidentes de seguridad cibernética relacionados con la IA y lecciones aprendidas en la regulación de aplicaciones de alto riesgo, como los vehículos autónomos, atención médica, etc.

Adicionalmente, la creación de foros y organizaciones internacionales dedicadas a la IA puede facilitar la colaboración. Por ejemplo, la Organización para la Cooperación y el Desarrollo Económico (OCDE) ya ha establecido algunos principios sobre IA y está trabajando en directrices para la ética en la IA. Sumado a esto, se pueden considerar la firma de tratados y acuerdos bilaterales que aborden temas específicos relacionados con la IA y tecnologías de automatización asociadas a la misma, como la prohibición de armas autónomas o la protección de datos transfronterizos ya mencionados.

Como ejemplo de estos puntos tenemos la actual colaboración UE-EE. UU., en la que la Unión Europea y los Estados Unidos han estado trabajando en la alineación de sus enfoques regulatorios para la IA. Esto incluye la creación de un grupo de trabajo conjunto para abordar cuestiones como la privacidad y la seguridad.

También está la iniciativa de Colaboración Global en IA (GCAI). Esta iniciativa, que involucra a varios países, se centra en la coordinación de políticas y regulaciones relacionadas con la IA a nivel mundial. Busca desarrollar un enfoque común y promover la cooperación.

La colaboración internacional en la regulación de la IA se hace esencial para abordar los riesgos y maximizar los beneficios de esta tecnología. A medida que la competencia tecnológica a nivel global se intensifica, la cooperación se vuelve aún más crucial para garantizar que la IA se desarrolle de manera segura y ética en todo el mundo.

Capítulo 7:

Ética y responsabilidad en el desarrollo de la IA

La ética en el desarrollo de la Inteligencia Artificial (IA) es un campo de estudio y un conjunto de principios fundamentales que busca abordar las cuestiones morales y sociales planteadas por el rápido avance de la tecnología de IA. Este capítulo explora las consideraciones éticas que rodean la creación, implementación y uso de sistemas de IA en diversos contextos, desde el ámbito laboral hasta la esfera social. La idea es examinar cómo la IA, a pesar de su gran potencial para impulsar el progreso, plantea dilemas éticos cruciales que deben resolverse para garantizar que el desarrollo tecnológico beneficie a la sociedad en su conjunto.

En el corazón de esta discusión está el reconocimiento de que la IA no es simplemente una herramienta neutral, sino que refleja y amplifica las decisiones y valores de quienes la diseñan y utilizan. La toma de decisiones automatizada y la capacidad de aprender de los datos, especialmente de nuestros datos, pueden llevar a sesgos no deseados y discriminación si no se aplican salvaguardias éticas adecuadas. Además, la IA plantea preguntas fundamentales sobre la privacidad, la equidad, la transparencia y la responsabilidad en las decisiones automatizadas.

En un mundo cada vez más interconectado y dependiente de la tecnología de IA, la preocupación no se limita solo a la construcción de algoritmos, sino también a la responsabilidad que empresas, gobiernos e individuos tienen en el desarrollo, la aplicación y el uso justo y ético de la IA. Examinemos cómo abordar estas cuestiones éticas para asegurar que la IA enriquezca la vida de las personas sin socavar los valores y derechos fundamentales.

7.1 Los desafíos éticos de la IA en el ámbito laboral y social

Cuando analizamos los hechos que hasta ahora se relacionan con la ética en el mundo laboral, dado el desarrollo y uso de la IA para la eficiencia en el mundo productivo, nos encontramos con algunos desafíos:

Sesgo selectivo:

Podemos definir el sesgo por interés personal como un fenómeno psicológico que puede influir en nuestras decisiones y percepciones de la realidad. Este se produce cuando nuestras creencias, valores o intereses personales influyen de manera significativa en la forma en que procesamos información y tomamos decisiones al respecto.

Los procesos de selección de personal han estado históricamente sujetos a sesgos personales o ideológicos arraigados en quienes los llevan a cabo. La creencia de que la IA, con toda su tecnología, podría eliminar estos sesgos es un concepto atractivo. Sin embargo, un estudio publicado en Philosophy and Technology por investigadores de la Universidad de Cambridge plantea interrogantes sobre dos supuestas ventajas de las herramientas de IA en la contratación de personal. En primer lugar, la capacidad de evaluar a los candidatos de manera objetiva, sin influencia de factores como el género o la raza, es cuestionable. La IA tiende a "malinterpretar" factores de género, raza y otros aspectos socioeconómicos, considerándolos atributos aislados en lugar de elementos interconectados en sistemas de poder más amplios. Esto puede llevar a la eliminación de estos factores de consideración, lo que no aborda los problemas sistémicos asociados.

Otro riesgo relacionado con el uso de IA en la selección de personal es que puede conducir a una "externalización" de la búsqueda de diversidad, reforzando la cultura de la desigualdad en lugar de mejorarla. La IA, al enfocarse en la búsqueda del posible "candidato ideal" para el rol según el criterio del empleador, podría impulsar más bien la uniformidad en lugar de promover la diversidad. Los investigadores advierten que aquellos con acceso a información clave y antecedentes específicos podrían adaptarse a los algoritmos, lo que socavaría el objetivo de diversificar el proceso de selección. Este cuestionamiento sobre el uso de la IA en la selección de personal se torna relevante en un contexto donde cada vez más organizaciones recurren a la IA en sus procesos de contratación. El estudio revela la importancia de considerar cuidadosamente cómo se implementa la IA y de qué manera afecta la diversidad y la igualdad en el lugar de trabajo. Además, esto obliga a considerar el uso de la IA y sus herramientas derivadas, siempre que comprobemos que se han superado esas limitaciones. Un ejemplo claro de esto es que incluso el gigante del retail en línea, Amazon, tuvo que abandonar un proyecto de selección de personal basado en IA debido a que mostraba sesgos de género en sus recomendaciones.

Impacto en la privacidad:

La IA se basa en el análisis de vastos conjuntos de datos que incluyen información personal y confidencial de los candidatos y empleados. Garantizar la privacidad y la protección de estos datos es esencial, cumpliendo con las regulaciones y normativas sobre protección de datos de cada país, región y posibles acuerdos globales. Sin embargo, se plantea un nuevo conjunto de desafíos éticos en el ámbito laboral. La creciente supervisión y supervisión constante en el lugar de trabajo a través de cámaras y sistemas de vigilancia virtual, así como otras múltiples herramientas basadas en la IA, revelan casi todas nuestras acciones y comportamientos, lo que plantea cuestiones éticas sobre la privacidad de los empleados y las personas en dichos entornos. Por ejemplo, la vigilancia constante en entornos de oficina, mediante cámaras y software de reconocimiento y seguimiento de productividad, puede favorecer la supervisión de la operación de la organización, pero también puede afectar negativamente la privacidad y el bienestar de los trabajadores. Este equilibrio entre la necesidad de supervisión y la preservación de la privacidad plantea un dilema ético fundamental que deben abordar las organizaciones y reguladores.

Desplazamiento laboral:

El desplazamiento laboral provocado por la inteligencia artificial (IA) plantea una serie de desafíos éticos y sociales significativos. Primero, la pérdida de empleo y la seguridad económica son preocupaciones fundamentales, ya que quienes pierden su trabajo por automatización pueden enfrentar dificultades económicas, inseguridad laboral y disminución de la calidad de vida, pero además tiene repercusiones en la estabilidad de los mercados de consumo y en la economía. Esto también genera cuestiones éticas sobre la justicia económica y la responsabilidad de la sociedad en proteger a aquellos afectados por la tecnología que mejora la eficiencia en un modo de resolver la propia supervivencia social y económica.

Además, el desplazamiento laboral puede agravar la desigualdad económica y social, ya que aquellos con habilidades y recursos para adaptarse a las nuevas tecnologías pueden beneficiarse, mientras que aquellos que carecen de estas habilidades pueden quedar muy rezagados. Abordar estos problemas éticos implica que los distintos poderes actores de la sociedad puedan proporcionar oportunidades de formación y reciclaje a los trabajadores afectados, incluyendo programas de educación y capacitación para adquirir nuevas habilidades relevantes en una economía impulsada por la IA.

La gestión del cambio es esencial, ya que la implementación de la IA en el lugar de trabajo debe ir acompañada de una transición cuidadosa para ayudar a los empleados a adaptarse a nuevas formas de trabajo y minimizar el impacto negativo en ellos. Las empresas también tienen la responsabilidad ética de considerar las implicaciones éticas en la adopción de tecnología, tomando decisiones sobre qué tareas automatizar, cómo afectará a los empleados y qué medidas se tomarán para mitigar los impactos negativos. En resumen, el desplazamiento laboral por IA plantea dilemas éticos que requieren una atención cuidadosa para garantizar la equidad y el bienestar de los trabajadores en una economía en constante cambio.

Transparencia y responsabilidad:

La responsabilidad y la transparencia en el contexto de la inteligencia artificial son cuestiones éticas fundamentales. La toma de decisiones basada en algoritmos de IA es a menudo compleja y opaca, lo que plantea desafíos significativos en cuanto a quién asume la responsabilidad cuando se producen errores o decisiones perjudiciales. A menudo, la naturaleza no transparente de los algoritmos de IA dificulta la identificación de quién o qué entidad es culpable en caso de resultados perjudiciales o discriminatorios. Esto plantea preguntas importantes sobre la rendición de cuentas y la justicia, ya que es crucial que se establezcan mecanismos claros para responsabilizar a los desarrolladores, las empresas o las instituciones que implementan estas tecnologías.

Además, la falta de transparencia en los procesos de toma de decisiones algorítmicas plantea inquietudes sobre la imparcialidad y la equidad. Si no comprendemos completamente cómo se toman las decisiones o qué datos se utilizan, es difícil evaluar si estas decisiones son justas o si perpetúan sesgos y discriminación. Por lo tanto, la necesidad de aumentar la transparencia en el funcionamiento de los algoritmos es esencial para abordar estos problemas éticos.

Salud mental:

El impacto en la salud mental debido al uso excesivo de tecnologías basadas en IA, como las redes sociales, plantea serias preocupaciones éticas y de salud pública. En la era de la información digital y la interconexión constante, las personas pueden verse envueltas en un ciclo de uso excesivo de plataformas en línea, lo que a menudo resulta en problemas de salud mental, como la adicción a la tecnología y la soledad. Las redes sociales, en particular, pueden fomentar la comparación constante con otros, el ciberacoso y la búsqueda incesante de validación en forma de "me gusta" y comentarios, lo que puede tener un impacto perjudicial en la autoestima y la salud mental.

Además, la propagación de información falsa o desinformación a través de algoritmos de recomendación de contenido en plataformas de medios sociales y motores de búsqueda también tiene consecuencias éticas y sociales importantes. Esto puede llevar a la polarización, la creación de burbujas de filtro donde las personas solo ven información que refuerza sus creencias y la difusión de teorías de conspiración dañinas.

Abordar estos problemas éticos es crucial. Implica la necesidad de una regulación más efectiva y una mayor conciencia pública sobre los riesgos para la salud mental relacionados con el uso excesivo de la tecnología de IA. Las empresas de tecnología también tienen un papel importante en el diseño de plataformas que fomenten la interacción saludable y en la promoción de prácticas seguras en línea. La educación sobre la alfabetización digital y la conciencia de los riesgos de la desinformación son pasos adicionales para abordar estos desafíos éticos y proteger la salud mental en un mundo cada vez más impulsado por la tecnología.

Disparidad digital:

La disparidad digital, en relación con el acceso desigual a la inteligencia artificial (IA) y sus beneficios, es un problema ético y social que merece una atención cuidadosa. A medida que la IA se vuelve más omnipresente en varios aspectos de la vida, desde la atención médica hasta la educación y el empleo, la falta de acceso a estas tecnologías puede exacerbar las brechas entre quienes pueden aprovechar sus ventajas y quienes no pueden hacerlo. Esto plantea cuestiones fundamentales sobre la equidad y la justicia.

La disparidad digital no solo se refiere al acceso a la tecnología en sí, sino también a la capacidad de comprender y utilizar la IA de manera efectiva. Las personas que carecen de acceso a la educación o la capacitación en tecnología pueden quedar rezagadas en un mundo cada vez más digitalizado. Esto puede limitar sus oportunidades de empleo, acceso a atención médica de calidad y participación plena en la sociedad.

Abordar la disparidad digital implica esfuerzos concertados para garantizar que la tecnología y la educación relacionada estén disponibles y sean accesibles para todos, independientemente de su origen socioeconómico, ubicación geográfica o nivel de habilidad. También implica la necesidad de políticas que fomenten la igualdad de oportunidades y la inversión en infraestructuras tecnológicas en comunidades subatendidas. Además, la ética exige que consideremos cómo la IA puede ser utilizada para abordar estos desafíos y reducir las disparidades, en lugar de aumentarlas. En última instancia, la equidad en el acceso y el uso de la IA es esencial para garantizar una sociedad justa y equitativa en la era digital.

Para abordar estos desafíos éticos, los desarrolladores, las empresas y organizaciones, los gobiernos y la sociedad deben trabajar juntos para establecer marcos regulatorios adecuados, promover la transparencia, garantizar la equidad y fomentar una discusión continua sobre los aspectos éticos de la IA en el ámbito laboral y social.

7.2 Desigualdad económica y el desafío de la distribución de la riqueza

La desigualdad económica hace referencia a las disparidades en la distribución de riqueza, ingresos y recursos en grupos, sociedades, naciones o entre países. Este fenómeno se manifiesta cuando algunas personas o grupos poseen una parte desproporcionadamente grande de los recursos, mientras que otros tienen un acceso limitado a los mismos.

Un informe relevante sobre la desigualdad global es el elaborado por el World Inequality Lab en 2018, que arroja luz sobre la creciente brecha en los ingresos a nivel mundial. A pesar del crecimiento económico registrado en países como China, la desigualdad de ingresos se ha acentuado desde 1980. Un dato alarmante es que el 1% de las personas con los ingresos más altos en el mundo ha experimentado un aumento en su parte de la riqueza que es el doble de la proporción del 50% de las personas con ingresos más bajos en el mismo período, lo que se agravó en los años posteriores debido a la pandemia de 2020. Esto refleja una distribución desigual de los beneficios del crecimiento económico, donde los segmentos más ricos de la población obtienen una parte desproporcionada de las ganancias, mientras que la mayoría experimenta un aumento limitado en sus ingresos.

Sin entrar en temas ideológicos o posturas económicas, este desequilibrio plantea preocupaciones sobre la equidad y la justicia económica a nivel global. Las causas y consecuencias de la desigualdad económica son temas de debate continuo en economía y política, con implicaciones significativas para la estabilidad social, la movilidad económica y el bienestar general de la población. La comprensión de la desigualdad y la búsqueda de soluciones efectivas son desafíos clave en la agenda económica y social mundial. En esta oportunidad, analizamos cómo la disrupción tecnológica, la automatización y la IA influyen en esta materia y exploramos aspectos asociados a esta problemática y cómo su uso y desarrollo pueden ayudar a mejorarla.

En las últimas décadas el rápido crecimiento de las empresas de tecnología o de otros sectores pero que se apalancan con tecnología es una realidad, que ha su ves directa o indirectamente ha contribuido a la acumulación de riqueza en manos de unos pocos, sumando a la llamada desigualdad económica.

La acumulación de riqueza en estas empresas ha llamado la atención sobre la creciente disparidad económica a nivel mundial, especialmente en algunas ciudades donde esta nueva clase de súper ricos ha aumentado los precios de propiedades y bienes de manera exagerada, disminuyendo las posibilidades para el trabajador promedio. Ejemplo de esto son los precios de viviendas y de los principales bienes en ciudades como Los Ángeles y San Francisco, lo que ha generado una migración de su población a otros estados y países vecinos.

A medida que los magnates de la tecnología se convierten en algunas de las personas más ricas del mundo, surge el interrogante sobre cómo esta riqueza puede utilizarse de manera efectiva para abordar problemas sociales y económicos apremiantes, como la pobreza, la educación y el acceso a la atención médica. La concentración de riqueza en estas empresas de tecnología pone de manifiesto la necesidad de un debate continuo sobre las implicaciones éticas y políticas de su influencia en la economía global y la sociedad en general.

En este sentido, la Inteligencia Artificial y las nuevas tecnologías pueden desempeñar un papel significativo en la disminución de la pobreza y la reducción de la desigualdad económica mundial. Una forma en que esto puede lograrse es a través de la automatización de tareas repetitivas y la creación de empleos en sectores de alto valor agregado, como se vio en capítulos anteriores. La automatización en la manufactura y la agricultura puede liberar a los trabajadores de tareas arduas y permitirles acceder a oportunidades de empleo más cualificado, lo que contribuye a elevar los ingresos y mejorar la calidad de vida.

Otro aspecto importante es el acceso mejorado a la atención médica y la educación a través de la telemedicina y la educación en línea. Estas tecnologías pueden llegar a comunidades remotas y desfavorecidas, proporcionando servicios esenciales y oportunidades educativas que antes eran inaccesibles. Esto no solo mejora la calidad de vida de las personas, sino que también amplía sus perspectivas de empleo y desarrollo personal.

Además, las tecnologías de análisis de datos y la IA pueden y deben ayudar a gobiernos y organizaciones a identificar y abordar problemas específicos de manera más efectiva, como la distribución de recursos en programas de asistencia social. Al comprender mejor las necesidades de las poblaciones vulnerables, es posible diseñar políticas y programas más enfocados y eficientes para reducir la desigualdad económica.

En la misma idea, pero desde otra perspectiva, nos encontramos con el estudio de la prestigiosa consultora McKinsey, llamado "Riqueza de Papel," en el cual se plantea y se prevé un escenario mundial con más desigualdad, menos productividad y una inmensa burbuja económica causada por distintos factores. Antes del cambio de milenio, existía una estrecha relación entre la acumulación de riqueza y el crecimiento del Producto Interno Bruto (PIB) de los países. Sin embargo, desde el año 2000, ha surgido un fenómeno notable: el valor neto de los activos ha experimentado un crecimiento significativamente más rápido, cerca de un 30% más rápido en particular.

Este aumento acelerado de la acumulación de riqueza plantea preguntas importantes sobre la equidad económica. La disparidad en la acumulación de activos ha llevado a que un pequeño segmento de la población acumule una parte desproporcionada de la riqueza, mientras que la mayoría enfrenta dificultades para alcanzar un nivel similar de prosperidad. Este fenómeno ha contribuido a una creciente brecha entre los más ricos y los menos afortunados. Una de las propuestas surgidas para abordar este problema es la llamada Renta Básica Universal (RBU).

La Renta Básica Universal (RBU) es un concepto que ha ganado atención global como una medida para combatir la desigualdad económica y garantizar un nivel mínimo de seguridad económica para todos los ciudadanos, independientemente de su situación laboral o ingresos previos. La RBU implica la entrega regular de un ingreso básico a todas las personas, sin condiciones ni requisitos, con el objetivo de satisfacer sus necesidades fundamentales, como alimentos, vivienda y atención médica. Esta propuesta no solo proporciona un colchón de seguridad financiera a las personas en situaciones económicas precarias, sino que también aborda la creciente desigualdad al garantizar que todos tengan acceso mínimo a recursos esenciales.

Es importante destacar que esta iniciativa adquiere aún más relevancia en momentos de crisis, como se pudo apreciar durante la reciente pandemia del coronavirus. Las medidas de confinamiento y las crisis económicas resultantes llevaron a la pérdida de empleos o la reducción significativa de ingresos para muchas personas. En este contexto, la RBU y las ayudas económicas desempeñan un papel crucial como una red de seguridad económica.

La RBU es una idea que ha cobrado fuerza en los últimos años, especialmente debido a la pandemia. Sin embargo, esta iniciativa no es nueva, ya que varios países han realizado experimentos con la RBU o variantes más modestas como una forma de proteger a sus ciudadanos en tiempos de crisis.

Los ejemplos de implementación de la RBU varían ampliamente y no ofrecen conclusiones definitivas. En Estados Unidos, la ciudad de Stockton, California, inició un programa piloto en 2019 con 125 personas que recibían $500 al mes durante 18 meses. Los resultados iniciales sugieren que el dinero se destinó principalmente a alimentos, ropa y transporte, y mejoró la salud mental y la confianza de los beneficiarios. Sin embargo, en Finlandia se realizó un experimento con 2,000 desempleados durante dos años inicialmente, pero se suspendió antes de lo previsto. Si bien mejoró el bienestar de los beneficiarios, no tuvo un impacto significativo en su empleabilidad. En Ontario, Canadá, se lanzó un programa piloto con 4,000 personas en situación de pobreza, que recibían una cantidad anual según su situación familiar. Sin embargo, solo duró un año y el proyecto se canceló debido a recortes causados por un cambio de gobierno, sin poder arrojar conclusiones representativas.

La RBU es un tema complejo y polémico que genera debates y opiniones encontradas. Sus defensores argumentan que podría mejorar la calidad de vida, la libertad, la creatividad y la participación ciudadana de las personas. Cuando asociamos este tema con el enfoque de esta obra, encontramos que con la llegada de la inteligencia artificial (IA), se ha reavivado el debate sobre la Renta Básica Universal (RBU) debido a la lógica preocupación de que la automatización y los avances tecnológicos puedan desplazar a los trabajadores humanos en diversas industrias, lo que plantea la posibilidad de una pérdida de ingresos para muchos. Esta preocupación se centra en la idea de que, a medida que las máquinas y la IA se vuelvan más competentes en la realización de tareas laborales, veremos cómo se reemplazan más empleos tradicionalmente realizados por seres humanos. La discusión en torno a la RBU, la automatización y la IA implica una evaluación cuidadosa de las implicaciones económicas y sociales, así como la exploración de cómo se pueden combinar políticas y tecnología para garantizar la equidad y la justicia en el futuro.

Aunque la RBU es una de las propuestas, también se consideran otras medidas, como la recualificación de trabajadores, la creación de empleos en sectores de alta demanda y la regulación de la automatización, para garantizar oportunidades y un nivel de vida digno en un mundo impulsado por la tecnología. La combinación de estos enfoques es fundamental para abordar los desafíos planteados por la IA y mantener un equilibrio entre la eficiencia económica y la tan deseada justicia social.

7.3 La equidad y transparencia en la aplicación de la IA

La equidad y la transparencia en la aplicación de la Inteligencia Artificial (IA) están directamente ligadas a los desafíos éticos que planteamos al inicio de este capítulo y se vuelven preocupaciones fundamentales a medida que esta creciente tecnología desempeña un papel cada vez más importante en nuestras vidas. La equidad a la cual se refiere busca garantizar que los sistemas de IA no discriminen ni favorezcan a ciertos grupos de personas. Esto implica que los algoritmos y modelos de IA deben ser entrenados y diseñados de manera que traten a todos los individuos de manera justa y sin sesgos basados en características como género, raza o edad.

Como vimos la transparencia en la aplicación y uso de la IA es esencial para comprender cómo se toman las decisiones y qué datos se utilizan. Los sistemas de IA deben poder explicar en detalle sus procesos y resultados. Esto no solo promueve la confianza en la tecnología, facilitando su desarrollo y expansión, sino que también permite a las partes interesadas evaluar su equidad y hacer correcciones si es necesario.

Los algoritmos de IA pueden reflejar sesgos y prejuicios presentes en los datos con los que son entrenados, lo que resulta en discriminación en la toma de decisiones automatizadas. La capacidad de explicar los datos es un componente clave en la lucha contra la desigualdad y la discriminación en el ámbito de la Inteligencia Artificial. Cuando se trata de algoritmos de IA que toman decisiones en situaciones críticas, como préstamos, empleo o justicia, es esencial que esos datos usados y subyacentes sean suficientemente comprensibles y transparentes. Esto garantiza que no se perpetúen posibles sesgos o desigualdades involuntarias en el proceso de toma de decisiones.

Un ejemplo práctico de la importancia de la explicabilidad de los datos se encuentra en la selección de candidatos para empleo. Si un algoritmo de IA utiliza datos de contrataciones pasadas, como historiales de empleo y perfiles académicos, para tomar decisiones de contratación, es crucial que los responsables de la toma de decisiones comprendan cómo se utilizan estos datos y cómo pueden influir en la selección de candidatos. La explicabilidad de los datos permite a las organizaciones evaluar si existen sesgos inherentes en los datos que puedan llevar a una selección sesgada o discriminatoria de candidatos.

Para abordar este desafío, es fundamental implementar prácticas de explicabilidad de datos que incluyan la documentación de la fuente de datos, la evaluación de posibles sesgos y la revisión continua de los algoritmos. Además, el acceso a datos demográficos desglosados y la transparencia en la toma de decisiones son herramientas clave para garantizar que no se perpetúen desigualdades injustas. Esto subraya la importancia de realizar auditorías regulares de los sistemas de IA, evaluar su impacto en diferentes grupos demográficos y ajustarlos en consecuencia.

La evaluación y auditoría regular de los sistemas de IA se vuelve un componente esencial para garantizar la transparencia y equidad en su aplicación. Esta se refiere a la práctica de analizar y supervisar de manera continua el desempeño de los sistemas de IA para detectar posibles sesgos, discriminación, ineficiencias y otros problemas. Esta evaluación se realiza tanto antes de la implementación como durante la operación de los sistemas de IA.

Para llevar a cabo una evaluación y auditoría efectiva de sistemas de IA, se pueden utilizar diversos enfoques y técnicas. Uno de los métodos más comunes es el análisis de datos, donde se examinan los conjuntos de datos utilizados para entrenar a los modelos de IA en busca de posibles sesgos considerando información y valores discriminantes. También se pueden emplear pruebas y crear escenarios de testing para evaluar el desempeño del sistema en situaciones diversas y medir su equidad en términos de género, raza u otras características que representan a las personas.

Un ejemplo práctico de evaluación de sistemas de IA es la revisión de algoritmos utilizados en la toma de decisiones de préstamos bancarios. Si se descubre que estos algoritmos favorecen sistemáticamente a ciertos grupos de solicitantes, se pueden ajustar para garantizar que las decisiones sean justas y equitativas para todos los candidatos. Además, en el ámbito de la atención médica, los sistemas de IA utilizados en diagnósticos pueden ser auditados para identificar sesgos en las recomendaciones de tratamiento y corregirlos para garantizar un enfoque de atención más equitativo.

En resumen, con la irrupción de los crecientes usos de la automatización y la IA, se abre un campo fértil para desarrollar múltiples herramientas, instancias y procedimientos que vayan en pro de mejorar los aspectos que afectan la transparencia y la ética en la aplicación de estas tecnologías en los distintos sectores de la sociedad.

Capítulo 8:
Repensando la relación entre trabajo y bienestar

La relación entre trabajo y bienestar en la era tecnológica es compleja y está en constante evolución. Si bien la tecnología ha creado oportunidades, también ha planteado desafíos cruciales. La adaptación, la formación continua y la gestión del equilibrio entre trabajo y vida personal son aspectos fundamentales para garantizar un mayor bienestar en este entorno cambiante.

La tecnología ha transformado la forma en que trabajamos y ha tenido un impacto en nuestra calidad de vida. La automatización y la inteligencia artificial han reemplazado o modificado muchas tareas laborales, lo que plantea desafíos para los trabajadores cuyos empleos se han vuelto obsoletos. Esto puede llevar a la pérdida de empleo y a una sensación de inseguridad laboral. Pero, al mismo tiempo, la tecnología ha creado oportunidades de empleo en campos como la programación, la ciberseguridad, la analítica de datos y la gestión tecnológica, donde quienes se adaptan a estas nuevas tendencias pueden encontrar empleo satisfactorio y bien remunerado.

La tecnología también ha permitido una mayor flexibilidad laboral a través del teletrabajo y el trabajo independiente. Esto definitivamente ha mejorado el equilibrio entre trabajo y vida personal, contribuyendo directamente al bienestar de los trabajadores. Aunque algunas de las implicancias, beneficios y contras del trabajo remoto son todavía discutidos, fue la tecnología y su inmediata adopción lo que permitió que muchas empresas continuaran operando durante la pandemia al facilitar la transición al trabajo remoto. Esto contribuyó a mantener la economía funcionando entre restricciones de movilidad y cierres temporales de oficinas y centros productivos.

El trabajo remoto y el trabajo independiente ofrecen un mayor control sobre el horario laboral, mejorando el equilibrio entre trabajo y vida personal. Además, eliminan la necesidad de desplazamientos, ahorrando tiempo, recursos y reduciendo el estrés relacionado con el tráfico, al tiempo que disminuyen la huella de carbono. Estas modalidades también brindan mayor acceso a un talento diverso, lo que permite contar con colaboradores de casi todo el mundo, aumentando la creatividad y reduciendo costos para las empresas al eliminar la necesidad de grandes espacios de oficina o logrando una mayor eficiencia para los que aún las mantienen. El trabajo remoto promueve y exige mayor autonomía y responsabilidad, impulsando la motivación y la autoeficacia de los trabajadores.

No obstante, la tecnología también puede llevar a una mayor presión laboral y a la dificultad de desconectarse del trabajo. La constante conectividad puede dar lugar a problemas de salud mental y agotamiento. La gestión del estrés y la promoción del bienestar emocional son cuestiones críticas en la era tecnológica.

8.1 El significado del trabajo en la vida de las personas

El trabajo se origina en la necesidad de las personas de satisfacer sus necesidades básicas, como la alimentación, el refugio y la seguridad, entre otras. A lo largo de la historia, el trabajo ha evolucionado en respuesta a los cambios en la sociedad, la tecnología y la economía, desempeñando un papel fundamental en el desarrollo de las civilizaciones humanas.

El trabajo tiene un significado profundo en la vida de las personas y desempeña un papel fundamental en múltiples aspectos. Proporciona los recursos financieros necesarios para cubrir las necesidades básicas, como alimentos, vivienda, educación y atención médica, además de permitir un nivel de vida más cómodo y la capacidad de alcanzar metas y objetivos financieros. El trabajo también puede ser una fuente importante de identidad y autoestima.

El tipo de trabajo que uno realiza a menudo se relaciona con su sentido de autovaloración y autoconcepto. Las personas comúnmente nos identificamos por nuestra ocupación y sentimos orgullo por nuestros logros laborales. El trabajo puede ser una fuente significativa de realización personal, ya que, al lograr metas laborales, desarrollar habilidades y contribuir al éxito de una empresa o proyecto, las personas experimentamos una satisfacción profunda y un sentido de logro.

Por ende, el trabajo es un impulsor natural de la interacción social entre las personas, ya que nos proporciona oportunidades para interactuar con otras personas. Las relaciones laborales pueden convertirse en amistades duraderas y contribuir a un sentido de comunidad y pertenencia.

A través del trabajo, las personas adquieren y desarrollan habilidades y conocimientos que les permiten crecer tanto a nivel personal como profesional, abriendo posibilidades para el futuro. Es muy gratificante saber que uno contribuye al bienestar de otros, mediante la producción de bienes y servicios o la resolución de problemas, proporciona un sentido de propósito y significado en la vida.

El trabajo nos proporciona disciplina, estructura y rutina a la vida diaria, lo que ayuda a mantener el equilibrio y la organización, fundamentales para el bienestar. Además, es crucial en la construcción y funcionamiento de la sociedad, ya que las personas aportan sus habilidades y esfuerzos a la economía y la comunidad, contribuyendo al progreso y al bienestar colectivo.

8.2 Colaboración entre humanos y máquinas

La colaboración entre humanos y máquinas en el contexto de la disrupción tecnológica y la inteligencia artificial ha generado un cambio fundamental en la forma en que trabajamos y producimos. A medida que avanzamos en la Cuarta Revolución Industrial, presenciamos la creciente interacción entre la capacidad cognitiva de las máquinas y la inteligencia típicamente humana. Este enfoque representa un nuevo paradigma laboral y social que promete no solo aumentar la eficiencia, sino también impulsar la creatividad, la innovación y la resolución de problemas en una escala sin precedentes.

Es crucial reflexionar sobre nuestras competencias y aptitudes personales y considerar cómo podemos emplearlas en este innovador entorno de trabajo que está transformando todo lo que conocemos. Esta metamorfosis no es simplemente una moda; ya está en marcha y continuará tomando impulso. La cuestión fundamental es cómo evolucionar y adaptarnos a este nuevo panorama laboral.

La revolución laboral no se limita a la automatización ni a las máquinas reemplazando empleos. El eje de esta revolución radica en cómo los seres humanos podemos colaborar con la tecnología para aprovechar todo su potencial. No se trata de competir con las máquinas, sino de aprender a colaborar con ellas, convirtiéndolas en aliados expertos que complementen nuestras competencias y conocimientos.

En la era de la automatización, ya comenzamos a ver cómo las máquinas pueden asumir tareas repetitivas y analíticas, liberando a los humanos para tareas más estratégicas y creativas. Por ejemplo, en la industria manufacturera, la colaboración entre robots y trabajadores humanos ha permitido una mayor precisión y productividad. En la atención médica, la IA puede analizar grandes cantidades de datos de pacientes, lo que permite a los médicos tomar decisiones más informadas y proporcionar un mejor diagnóstico y tratamiento que apelar solo a su vasta experiencia con los casos conocidos.

La colaboración entre humanos y máquinas no se limita a la producción y la atención médica; se extiende también a otros sectores, como la toma de decisiones financieras, la logística, la atención al cliente y más. Esta sinergia crea un ecosistema en el que las capacidades cognitivas de las máquinas complementan las habilidades humanas, amplificando nuestra capacidad para resolver problemas y crear soluciones innovadoras.

A lo largo de la historia, cada vez que hemos concebido máquinas más poderosas o veloces que nosotros, hemos celebrado los adelantos tecnológicos. A pesar de ello, la idea de compartir espacio con máquinas de mayor inteligencia que la nuestra puede provocar inquietud e incertidumbre. Sin embargo, es solo cuestión de tiempo antes de que también lo consideremos una ventaja.

Para comprender el impacto de esta colaboración, podemos hacer una analogía con la Revolución Industrial del siglo XIX. Cuando las entonces temidas máquinas transformaron la manufactura y la agricultura, impulsando la productividad y liberando a las personas de trabajos arduos, repetitivos y peligrosos. De manera similar, la IA y la automatización alteran su forma de trabajar, permitiendo que los humanos se centren en actividades más cognitivas, creativas y significativas.

Sin embargo, como en épocas anteriores, esta transición plantea desafíos, como la necesidad de aprender nuevas habilidades y adaptarse a un entorno laboral cambiante. La colaboración efectiva entre humanos y máquinas requiere una comprensión profunda de las capacidades de ambas partes y la capacidad de combinarlas de manera efectiva. Además, es importante abordar las cuestiones éticas y de seguridad ya mencionadas en torno a la IA y la automatización.

Entonces, uno de los secretos para prosperar en esta situación, como se mencionó en capítulos anteriores, es mantenerse al día con las últimas tendencias y avances de tu industria y sector, así como en cómo otras tecnologías pueden incidir en ello. Participa en eventos y conferencias relacionadas, y busca conocimiento en artículos, libros y cursos, ya sea en línea o presencialmente. El futuro no llega intempestivamente, pero va entregando luces y señales.

Ya sabemos que la educación continua es esencial, y no subestimes el poder de la lectura de valor. Recuerda que la tecnología seguirá progresando, y nuestra capacidad para adaptarnos y colaborar con ella será esencial. Mantente al día, buscando esas oportunidades de aprendizaje y abraza este cambio como una ocasión para desarrollarse y prosperar en este nuevo contexto laboral y social.

8.3 La importancia de la inteligencia emocional y habilidades interpersonales

La creciente automatización y la adopción de la inteligencia artificial en el entorno laboral plantean desafíos significativos para la fuerza laboral humana. En este nuevo paradigma, la inteligencia emocional y las habilidades interpersonales se vuelven esenciales para prosperar y mantenerse en el mundo laboral.

La inteligencia emocional es una habilidad fundamental que implica el reconocimiento, la comprensión y la gestión de las emociones propias y ajenas. En su esencia, se trata de la capacidad de percibir, interpretar y responder de manera efectiva a las emociones, tanto en uno mismo como en los demás. Esta habilidad incluye componentes clave como la conciencia emocional (reconocer y etiquetar las emociones), la autorregulación (gestionar las emociones de manera constructiva), la empatía (comprender y compartir los sentimientos de los demás) y las habilidades sociales (comunicación efectiva y gestión de relaciones interpersonales).

La inteligencia emocional es relevante en todos los aspectos de la vida, desde las relaciones personales hasta el entorno laboral. En el ámbito profesional, esta habilidad se traduce en la capacidad de tomar decisiones basadas en un entendimiento profundo de las emociones y motivaciones, así como para construir relaciones laborales sólidas, resolver conflictos de manera efectiva y desarrollar el liderazgo exitoso.

De esta manera, la inteligencia emocional se convierte en una herramienta crucial en el mundo laboral, influyendo directa o indirectamente en la interacción con colegas, clientes y superiores. En un mundo automatizado, donde las tareas técnicas pueden ser realizadas por máquinas, las habilidades blandas como la empatía y la habilidad para comprender y conectar emocionalmente con otros se convierten en un activo valioso e imprescindible.

La empatía, un componente fundamental de la inteligencia emocional, se vuelve fundamental en roles que requieren la toma de decisiones éticas y el manejo de conflictos. En un entorno de trabajo automatizado, las personas que pueden comprender las perspectivas y sentimientos de los demás pueden resolver disputas de manera efectiva y fomentar una colaboración positiva. Además, la empatía es esencial para entender las necesidades cambiantes de los clientes y adaptarse a ellas, lo que es crucial para la satisfacción del cliente y el éxito empresarial.

Las habilidades interpersonales, como la comunicación efectiva y la capacidad de trabajo en equipo, son igualmente importantes en un mundo que se espera sea dominado por la tecnología. A medida que las organizaciones se vuelven más interconectadas y globales, la colaboración se vuelve esencial. La capacidad de comunicarse de manera efectiva con colegas incluso de diferentes culturas y antecedentes se convierte en una habilidad valiosa. Las personas que pueden trabajar en equipo, resolver problemas y tomar decisiones en grupo, son esenciales para el éxito en proyectos colaborativos y en la resolución de problemas complejos.

Ahora bien, si nos preguntamos cómo la inteligencia emocional y las habilidades interpersonales interactúan con la IA y las herramientas de automatización que se usan en las empresas, o de qué formas se aplican en el trabajo, podemos sostener que el entorno laboral y productivo se beneficia de diversas maneras.

Las empresas emplean chatbots y sistemas automatizados para mejorar la atención al cliente. Sin embargo, para que estos sistemas sean eficaces en comprender y responder a las necesidades emocionales de los clientes, la inteligencia emocional, la empatía y la comprensión emocional son fundamentales.

En cuanto al liderazgo y la gestión de equipos en colaboración con IA y automatización, las habilidades interpersonales, como la comunicación efectiva, la gestión de conflictos y la resolución de problemas, son esenciales para liderar equipos, especialmente cuando se trabaja junto a sistemas automatizados. La inteligencia emocional es fundamental en comprender y respaldar a los empleados que puedan sentirse inseguros por la automatización de tareas.

La IA puede analizar datos y proporcionar recomendaciones personalizadas a los clientes, pero para interpretar correctamente las preferencias y emociones de los clientes se necesita una comprensión sólida y personal de la inteligencia emocional. Las empresas que pueden incorporar esta comprensión profunda de las emociones de los clientes pueden ofrecer experiencias más satisfactorias y adaptadas a las necesidades individuales.

La inteligencia emocional también desempeña un papel en la guía de la innovación y el diseño de productos y servicios. Comprender las emociones y necesidades de los clientes puede influir en la creación de soluciones que aborden problemas emocionales o generen una conexión emocional con los usuarios.

A medida que la IA y la automatización desempeñan un papel más prominente en la toma de decisiones empresariales, la inteligencia emocional se vuelve crucial para la toma de decisiones éticas. Las habilidades interpersonales facilitan la colaboración y la discusión de decisiones éticas, y la inteligencia emocional ayuda a los líderes a comprender y gestionar las posibles implicaciones emocionales de sus elecciones y decisiones.

En resumen, la inteligencia emocional y las habilidades interpersonales no solo complementan la IA y la automatización, sino que también son y serán cada vez más esenciales para garantizar su uso ético, efectivo y humano en el entorno laboral. Estas habilidades permiten mejorar la interacción con la tecnología, tomar decisiones más empáticas y personalizar las experiencias, lo que en última instancia mejora la calidad del trabajo, la satisfacción del cliente y, como consecuencia, las recompensas para los trabajadores.

8.4 Las nuevas formas de equilibrar el bienestar personal y laboral

Aunque este último aspecto se relaciona principalmente con las aspiraciones de las personas, está estrechamente vinculado a la incorporación y utilización de la inteligencia artificial y las tecnologías de automatización en diversos puestos de trabajo.

En la vida moderna, encontrar un equilibrio entre la esfera laboral y personal se ha convertido en un desafío para muchas personas. La búsqueda de tiempo para combinar el trabajo con momentos familiares de calidad y un descanso reparador se ha vuelto un anhelo inalcanzable. Esta búsqueda ha llevado a una transformación profunda en la forma en que concebimos la vida y el trabajo.

Una de las transformaciones más notables que trajo la pandemia de COVID-19, que impactó al mundo en 2020 y más allá, fue la creciente adopción del trabajo remoto. La necesidad de mantener la distancia física condujo a la rápida implementación de sistemas de trabajo desde casa. Las organizaciones descubrieron que el trabajo remoto no solo era factible, sino que también ofrecía ventajas considerables en términos de flexibilidad y eficiencia. Esto permitió a las empresas ampliar su alcance para reclutar talento en todo el mundo y brindó a los empleados un mayor equilibrio entre su vida laboral y personal.

Junto con el trabajo remoto, muchas empresas reconsideraron sus espacios de trabajo debido a las restricciones de capacidad en las oficinas. Algunas optaron por reducir su espacio físico de oficina y adoptar modelos híbridos que permitían a los empleados alternar entre trabajar en la oficina y trabajar desde casa. Esto no solo redujo los costos inmobiliarios, sino que también brindó a los empleados la flexibilidad para adaptar sus lugares de trabajo a sus necesidades individuales.

La pandemia también resaltó la importancia de la salud y el bienestar de los empleados. Las empresas se vieron motivadas a tomar medidas proactivas para garantizar la seguridad y la salud de su personal. Esto incluyó la implementación de protocolos de limpieza y distanciamiento social en el lugar de trabajo, así como el apoyo a la salud mental de los empleados y la promoción de la flexibilidad laboral.

Además, la pandemia ayudó a fomentar una mayor empatía y comprensión entre empleadores y empleados. Las organizaciones se volvieron más conscientes de la necesidad de apoyar a sus equipos en tiempos de incertidumbre y adoptaron políticas más flexibles para permitir a los empleados enfrentar desafíos personales relacionados con la pandemia. La colaboración y la comunicación se volvieron aún más esenciales en este nuevo entorno de trabajo.

La era de la flexibilidad ha cobrado fuerza, especialmente después de otro fenómeno post pandemia llamado la Gran Renuncia de 2022, lo que impulsó a millones de personas a cambiar de empleo o de organización en busca de una mayor armonía entre sus vidas laborales y personales. El Informe Anual del Índice de Tendencias Laborales 2022 de Microsoft reveló que más del 50% de los millennials y miembros de la Generación Z que dejaron sus trabajos lo hicieron debido a la falta de equilibrio entre vida y trabajo o de flexibilidad.

Este nuevo equilibrio se centra en cómo los trabajadores contemporáneos definen su vida, y no se limita a horarios flexibles. La clave radica en crear un ambiente laboral saludable que fomente un diálogo abierto entre empleados y organizaciones para abordar las preocupaciones personales en el contexto de sus carreras.

Sin embargo, el progreso tecnológico también ha tenido un impacto negativo. La posibilidad de trabajar desde casa, el acceso constante al correo corporativo y la capacidad de completar tareas laborales en cualquier momento han llevado a una invasión del trabajo en la vida personal. Las llamadas laborales fuera del horario de oficina se han vuelto más comunes.

Esta cultura de estar siempre ocupado y disponible ha llevado a algunos empleados a descuidar el equilibrio entre la vida laboral y personal debido a la constante intrusión del trabajo en sus hogares. Afortunadamente, esta situación comenzó a cambiar con la aparición de los modelos laborales híbridos, que promovieron una integración más saludable entre la vida personal y laboral.

Hoy en día, los trabajadores sienten que tienen el poder de personalizar su propio equilibrio entre el trabajo y la vida personal. La vida equilibrada implica integrar de manera saludable lo personal y lo profesional, permitiendo que las carreras no dominen por completo su día.

Según una encuesta de Forbes Health realizada en 2022 a trabajadores estadounidenses, el equilibrio entre el trabajo y la vida personal es crucial para el 90% de los encuestados, al igual que la estabilidad financiera. Las personas buscan que las organizaciones fomenten un ambiente de empatía, reconocimiento y acceso a recursos de salud y bienestar.

Las empresas, conscientes de las dificultades para separar la vida personal del trabajo, buscan facilitar la conciliación de sus empleados, ofreciendo beneficios como servicios de guardería o apoyo para el cuidado de personas dependientes.

El trabajo remoto ha ganado prominencia, superando a las posiciones que requieren presencia física constante en los primeros trimestres de 2022, particularmente en sectores como la tecnología, consultoría y educación, que lideran la adopción del trabajo a distancia.

Actualmente, cerca del 40% de las empresas ofrecen trabajo 100% remoto, y aproximadamente el 30% brinda opciones de trabajo híbrido, que varían desde el 50% al 90% de forma remota. Esto significa que más de la mitad de las empresas ofrecen a sus empleados la posibilidad de trabajar de manera remota, lo cual beneficia tanto a los trabajadores como a las empresas.

Un dato interesante es que cuando los empleados tienen la flexibilidad para elegir entre trabajar en la oficina o de forma remota, en lugar de ser una imposición de los empleadores, la productividad y la satisfacción de los empleados son aún mayores. Esto demuestra la importancia de brindar opciones y confianza a los trabajadores para que tomen decisiones que se adapten a sus necesidades y circunstancias personales.

Finalmente, el equilibrio entre la vida personal y laboral se ha transformado en una integración más holística entre el trabajo y la vida. Este cambio refleja la creciente necesidad de personalización en el mundo laboral, ya que cada individuo tiene su propia fórmula para el equilibrio. Según avanzamos, es probable que esta evolución siga para adaptarse a las diferentes prioridades y estilos de vida de las personas, ya que la búsqueda de un equilibrio acorde a las necesidades individuales sigue siendo una prioridad fundamental en la vida laboral actual.

Capítulo 9:

Reflexiones finales

La innovación y la disrupción tecnológica han sido parte esencial de las transformaciones que se han presentado como una constante en la historia de la humanidad, revolucionando tanto a nuestras sociedades como a la vida de las personas y alcanzando también al ámbito laboral.

Ya vimos cómo la Primera Revolución Industrial transformó radicalmente la actividad humana en los siglos pasados, marcó un cambio significativo en la forma de trabajar y vivir de las personas. Antes de este acontecimiento, la mayoría se dedicaba a la agricultura y la artesanía, con empleos descentralizados y locales. La introducción de maquinaria e industrialización llevó a la mecanización de la producción, concentrando la mano de obra en fábricas y dando lugar al crecimiento urbano, lo que generó inquietud y desconcierto en la sociedad de la época.

Desde la perspectiva de los trabajadores, la Primera Revolución Industrial marcó un periodo de desafíos significativos que también generó lecciones cruciales y logros notables. A medida que los trabajadores se enfrentaron a condiciones laborales bastante precarias, peligrosas y basadas en largas jornadas, surgieron movimientos obreros que abogaron por mejoras en todos los aspectos. La falta inicial de regulaciones laborales condujo a la promulgación de leyes que limitaban las horas de trabajo, prohibían el trabajo infantil y establecían normas de seguridad en el lugar de trabajo. La conciencia del perjuicio del trabajo infantil resultó en la protección de los niños en el ámbito laboral.

La adaptabilidad de los trabajadores a la mecanización les permitió adquirir nuevas habilidades, propiciando la aparición de profesiones especializadas y por cierto mejor remuneradas. A pesar de las dificultades, la Revolución Industrial también brindó oportunidades para la movilidad social, permitiendo a algunos trabajadores ascender en la escala social y convertirse en emprendedores exitosos. Sumado a esto, la participación activa en procesos democráticos, a través de sindicatos y defensa de derechos, se reveló como una lección esencial. En resumen, la Revolución

Industrial, aunque planteó desafíos, sentó las bases para el progreso en los derechos laborales y condiciones de trabajo, configurando un panorama donde los trabajadores se volvieron más conscientes, organizados y participativos en la búsqueda de mejoras significativas.

En el contexto contemporáneo, la necesidad de adaptabilidad y la adquisición de habilidades pertinentes son imperativas ante la Revolución Tecnológica y la Inteligencia Artificial, reflejando la importancia continua de la capacitación en el entorno laboral en constante evolución. La organización laboral y la participación en procesos democráticos siguen siendo esenciales para buscar mejoras en el entorno laboral, destacando lecciones atemporales sobre la importancia de la acción colectiva. En sintonía con la Primera Revolución Industrial, el desafío actual radica en encontrar un equilibrio entre la innovación tecnológica y la preservación de los derechos laborales, subrayando la necesidad de abordar de manera equitativa los avances tecnológicos y las consideraciones éticas en la era de la IA.

Durante la 2da Revolución Industrial, se destacaron aprendizajes fundamentales que influyeron en la trayectoria de la humanidad. La especialización de habilidades, resultado de la subdivisión de tareas en operaciones más pequeñas, se reveló como un impulsor clave de eficiencia, reconociendo la importancia de la experiencia en tareas específicas. Además, surgió la comprensión crucial de la necesidad de una educación focalizada en habilidades técnicas y científicas para adaptarse a la constante evolución industrial. Este periodo también presenció una transformación demográfica y social significativa, donde las fábricas, al convertirse en centros económicos, atrajeron a una gran cantidad de trabajadores, reconfigurando la demografía y la estructura social de la época. Estos aprendizajes sentaron las bases para el progreso personal y profesional, moldeando la relación entre los trabajadores y su labor, y dejando un impacto duradero en la sociedad.

Estos aprendizajes de la 2da Revolución Industrial ofrecen paralelismos notables con las preocupaciones actuales relacionadas con la inteligencia artificial (IA). En aquel periodo, la especialización de habilidades impulsó una mayor eficiencia, pero también transformó la relación entre los trabajadores y su labor. Así, en la era de la IA, se teme que la automatización y la especialización tecnológica cambien drásticamente la naturaleza del trabajo, generando ansiedad entre los empleados sobre la seguridad laboral y la necesidad de adaptarse a nuevas habilidades, como sugiere la obra.

La importancia de la educación en habilidades técnicas y científicas durante la Revolución Industrial también refleja en estos tiempos la actual necesidad de una formación continua y adaptativa en un entorno impulsado por la IA. Además, encontramos que la transformación demográfica y social de las fábricas como centros económicos en el pasado también encuentra eco en la preocupación del impacto de la IA en el empleo y la dinámica social, que ya moviliza población de algunos centros urbanos hacia otros.

Cabe mencionar que durante la 2da Revolución Industrial también se alcanzaron logros significativos que dejaron una huella indeleble en la historia. El crecimiento económico fue uno de los resultados destacados, impulsado por innovaciones y eficiencia que establecieron las bases para una prosperidad industrial creciente y duradera. Asimismo, este período presenció un aumento notable en la participación de las mujeres en la fuerza laboral, desafiando normas de género arraigadas históricamente y contribuyendo a la transformación de roles tradicionales. Estos logros no sólo marcaron una época de avances industriales, sino que también sentaron las bases para una evolución social y económica que fundamenta gran parte de lo que hoy conocemos en el ámbito laboral y productivo.

Con la irrupción de la Tercera Revolución Industrial, también conocida como la revolución tecnológica, presenciamos un nuevo periodo de transformación impulsado por la adopción generalizada de la computación y las tecnologías de la información. Este fenómeno no solo alcanzó los centros empresariales y de producción, sino que permeó los hogares, desencadenando una revolución de alcances insospechados. En un lapso breve, se gestaron avances fundamentales que reconfiguraron radicalmente la producción y percepción de bienes y servicios, así como la manera en que las personas trabajaban y se comunicaban.

En esta etapa tecnológica, los trabajadores se enfrentaron a desafíos, como la pérdida de empleos debido a la creciente digitalización y la necesidad de adquirir nuevas habilidades tecnológicas, incluyendo el dominio de herramientas de software y dispositivos computacionales. Las condiciones laborales también experimentaron cambios ante una competencia global más intensa. Paradojalmente, estas competencias informáticas permitieron a trabajadores de diversas partes del mundo prepararse y contribuir laboralmente en países desarrollados o unirse a economías más robustas que las de sus lugares de origen.

Para quienes vivieron esta etapa, es crucial recordar la evolución sorprendente del sector de la computación y el software desde los años 80 hasta la actualidad. En ese tiempo, individuos considerados "nerds" se transformaron en destacados y adinerados empresarios. En los 80, los profesionales de la informática, apasionados por la tecnología y la programación, eran a menudo marginales a la mirada del común trabajador de otros departamentos en las organizaciones y su labor no era apreciada en profundidad. Sin embargo, la década de 1990 marcó un cambio significativo con la explosión de Internet y la World Wide Web, situando a la tecnología de la información en el centro de la vida diaria y empresarial. Surgieron numerosas empresas tecnológicas innovadoras, cuyos líderes, en su mayoría profesionales de la informática, se convirtieron en figuras prominentes, acumulando riqueza y poder. Esta revolución tecnológica también facilitó la participación de profesionales de clases sociales históricamente marginadas y de regiones geográficas más remotas, democratizando el acceso al desarrollo social y económico.

Concluyamos entonces que, durante la Tercera Revolución Industrial, la adaptación rápida a la tecnología se volvió crucial, ya que la computación y las tecnologías de la información transformaron radicalmente la producción, comunicación y percepción de bienes y servicios. Los trabajadores enfrentaron desafíos como la pérdida de empleos debido a la digitalización y la necesidad imperante de adquirir habilidades tecnológicas. Sin embargo, esta revolución propició un auge del emprendimiento, con profesionales de la informática liderando startups innovadoras, y permitió una mayor participación de individuos de clases sociales históricamente marginadas.

Los logros de esta etapa incluyeron una transformación digital completa y una innovación sin precedentes, con la creación de numerosas empresas tecnológicas innovadoras que cambiaron la faz de la industria. Además, la revolución tecnológica democratizó oportunidades, facilitando la participación de profesionales y trabajadores de diversos orígenes y regiones geográficas en el desarrollo social y económico.

La similitud con la situación actual frente a la Inteligencia Artificial (IA) se refleja en la necesidad de adaptación a tecnologías emergentes, la intensificación de la competencia global y la importancia de adquirir habilidades relacionadas con la IA para mantenerse competitivo en el mercado laboral. La IA ha generado oportunidades de emprendimiento y ha democratizado el acceso a ciertas profesiones, reafirmando la importancia de equilibrar la innovación con la protección de los derechos laborales.

Luego de la 3ra revolución, en el intertanto, la explosión de las redes sociales a principios del siglo XXI, con empresas como Facebook, Twitter y LinkedIn, llevó a la creación de una nueva generación de emprendedores tecnológicos, quienes desarrollaron toda una nueva realidad incluso cuando todavía eran estudiantes universitarios.

Grandes empresas no tecnológicas también reconocieron el valor de las tecnologías de la información y se sumaron a la incipiente digitalización y hasta algunas comenzaron a adquirir startups, lo que impulsó aún más el crecimiento de la industria e incentivó una nueva fórmula de creación de riqueza. Tecnologías disruptivas como la inteligencia artificial, la nube y la movilidad transformaron y continúan transformando industrias enteras creando oportunidades para nuevos profesionales y emprendedores en todo el mundo.

En la actualidad, muchos de estos profesionales de la informática y emprendedores tecnológicos han ascendido a ser los empresarios más destacados y adinerados del mundo, pues se han convertido en gigantes globales con influencia en la economía y la sociedad.

Más recientemente, en la Cuarta Revolución Industrial, se han desencadenado cambios radicales en la sociedad y la economía, impulsados por la automatización y la tecnología que, si bien han aumentado la eficiencia y la productividad en muchos campos del quehacer industrial y económico, también ha planteado sendas preocupaciones sobre la eventual pérdida de empleos, la desigualdad económica y la despersonalización en varios sectores.

Esta adopción acelerada de tecnologías que está transformando la forma en que trabajamos y vivimos, requiere de una cuidadosa planificación para abordar estos desafíos y aprovechar al máximo las oportunidades que ofrece esta nueva era de progreso y desarrollo humano.

Desde el punto de vista de los trabajadores, se pueden identificar varias lecciones aprendidas durante de esta etapa:

Los trabajadores han aprendido la importancia de ser adaptables y flexibles. Las tecnologías emergentes están cambiando rápidamente los roles laborales, y aquellos que pueden adaptarse a nuevas herramientas y formas de trabajo tienen una ventaja.

La necesidad de mantenerse actualizado con las últimas habilidades es crucial. Los trabajadores han aprendido que la capacitación y el desarrollo continuo son esenciales para mantenerse relevantes en un entorno laboral en constante evolución.

La Cuarta Revolución Industrial ha resaltado la importancia de la colaboración entre humanos y tecnología. Los trabajadores han aprendido a trabajar de manera efectiva con herramientas digitales, inteligencia artificial y robots para aumentar la eficiencia y la productividad en sus distintos sectores e industrias.

A medida que las tareas rutinarias son automatizadas, las habilidades blandas como la creatividad, el pensamiento crítico y las habilidades interpersonales se vuelven más valiosas. Con estas, los trabajadores han aprendido a enfocarse en desarrollar estas habilidades que no son fácilmente reemplazables por la automatización.

Con la creciente dependencia de la tecnología, los trabajadores han aprendido sobre la importancia de la ciberseguridad. La protección de datos y la comprensión de las amenazas cibernéticas son habilidades esenciales en la era digital.

Adicional a estos aprendizajes, podríamos considerar que también se han dado avances importantes hasta ahora en este periodo de cuarta revolución:

La adopción de tecnologías avanzadas ha llevado a una mayor eficiencia en muchos sectores. Los trabajadores han experimentado un aumento en la productividad gracias a la automatización de tareas rutinarias y la optimización de procesos.

Aunque ciertos trabajos han sido automatizados, la Cuarta Revolución Industrial también ha creado nuevas oportunidades laborales en campos emergentes como inteligencia artificial, análisis de datos, ciberseguridad y desarrollo de tecnologías aplicadas a las diferentes industrias.

La tecnología ha permitido formas más flexibles de trabajo, como el trabajo remoto y la jornada laboral flexible. Esto ha proporcionado a los trabajadores una mayor autonomía sobre su tiempo y ubicación laboral, dando una mejor sensación de bienestar.

Con la automatización de tareas repetitivas y la optimización de procesos, los trabajadores pueden experimentar una mejora en su calidad de vida al reducir el estrés relacionado con ciertas responsabilidades laborales.

La más reciente Revolución Industrial también ha llevado a un mayor enfoque y preocupación colectiva en la sostenibilidad y la eficiencia energética creando así una conciencia ambiental. Los trabajadores participan más en industrias y roles que contribuyen a un desarrollo más sostenible y respetuoso con el medio ambiente. Más recientemente vemos la creación de departamentos y roles a cargo de esta temática al interior de las organizaciones.

En resumen, la Cuarta Revolución Industrial ha traído desafíos, pero también oportunidades y lecciones valiosas para los trabajadores. Aquellos que pueden adaptarse y desarrollar habilidades relevantes están mejor posicionados para prosperar en este entorno laboral en constante evolución.

9.1 La temida I.A.

Tenemos claro que la Inteligencia Artificial (IA) ha surgido como un elemento central en la última revolución tecnológica, transformando la manera en que las empresas gestionan datos, comparan modelos y logran eficiencia en las diversas industrias. Este avance tecnológico ha llegado a un punto donde, en condiciones ideales, la IA puede incluso superar la capacidad humana en tareas de programación. Además, la ausencia de emociones en la IA, que elimina aspectos como la frustración, el cansancio y la arrogancia, plantea desafíos significativos para los trabajadores que desempeñan tareas rutinarias sin aportar creatividad y valor.

Uno de los aprendizajes más notables en este contexto es la necesidad urgente de adaptación por parte de los trabajadores frente a la creciente presencia de la IA en el ámbito laboral. La automatización de tareas rutinarias pone de manifiesto la vulnerabilidad de aquellos empleos que carecen de un componente creativo o estratégico. Los trabajadores que se limitan a funciones mecánicas y repetitivas corren el riesgo de ser reemplazados por sistemas automatizados que pueden ejecutar esas tareas de manera más eficiente y sin los inconvenientes asociados con las emociones humanas.

Este cambio en la dinámica laboral, impulsado por la creciente presencia de la Inteligencia Artificial, subraya la imperiosa necesidad de que los trabajadores adopten un enfoque proactivo hacia el aprendizaje continuo y la mejora constante de sus habilidades. La rapidez con la que la tecnología evoluciona exige a los empleados mantenerse actualizados y adquirir competencias que no solo sean relevantes en el presente, sino que también estén alineadas con las demandas futuras del mercado laboral.

La creatividad, en este sentido, emerge como una competencia clave. La capacidad de idear soluciones innovadoras, pensar más allá de los límites convencionales y aportar nuevas perspectivas se vuelve fundamental. La IA, aunque excepcional en la ejecución de tareas específicas, carece de la chispa creativa y del pensamiento divergente que caracterizan a los seres humanos. Los trabajadores deben cultivar esta faceta creativa mediante la participación en actividades que estimulen la imaginación y la generación de ideas, como proyectos multidisciplinarios, colaboraciones intersectoriales y programas de capacitación que fomenten la creatividad.

Además, el pensamiento crítico y la habilidad para resolver problemas complejos se erigen como pilares esenciales en el nuevo entorno laboral. Mientras que la IA puede abordar tareas específicas con eficiencia, la capacidad humana para analizar situaciones desde diversas perspectivas, evaluar información de manera crítica y resolver problemas complejos sigue siendo insustituible. Los trabajadores deben enfocarse en desarrollar estas habilidades, ya sea a través de cursos especializados, talleres prácticos o la participación en proyectos desafiantes que requieren un enfoque analítico y resolutivo.

En paralelo, las empresas desempeñan un papel crucial en este proceso de adaptación. Tienen la responsabilidad de crear entornos laborales que fomenten el crecimiento profesional y la adquisición de nuevas habilidades. Esto implica la implementación de programas de formación continua, la facilitación de oportunidades de aprendizaje en el trabajo y la creación de culturas organizacionales que valoren la innovación y el desarrollo personal. Las empresas que reconocen la importancia de invertir en el crecimiento de sus empleados no sólo aseguran una fuerza laboral más competente, sino que también se posicionan mejor para enfrentar los desafíos y aprovechar las oportunidades que la IA presenta en el panorama laboral actual.

Otro aspecto fundamental en este cambio de paradigma laboral radica en la necesidad apremiante de redefinir el papel de los trabajadores en colaboración con la Inteligencia Artificial (IA). La creciente integración de la tecnología en los procesos laborales exige una transición hacia una simbiosis efectiva entre los humanos y las máquinas. En lugar de considerar a la IA como una amenaza, los trabajadores podemos abrazarla como una herramienta potente que puede potenciar el rendimiento y mejorar la calidad del trabajo.

Una de las claves en este proceso de adaptación es la capacitación especializada en la integración y el uso efectivo de herramientas basadas en la IA. Los trabajadores deben adquirir habilidades que les permitan comprender y trabajar en armonía con los sistemas automatizados. Esto no solo implica un conocimiento técnico de las tecnologías específicas, sino también una comprensión profunda de cómo incorporar la IA de manera estratégica en los procesos laborales cotidianos. La capacitación no solo se limita a la adquisición de habilidades técnicas, sino que también abarca el desarrollo de competencias sociales y emocionales necesarias para colaborar de manera efectiva con la tecnología.

Es esencial que los trabajadores superemos la resistencia al cambio y adoptemos una mentalidad de aprendizaje continuo. La capacidad de adaptarse a nuevas tecnologías y comprender cómo la IA puede complementar y mejorar su desempeño laboral se convierte en un factor determinante para el éxito individual y también organizacional. La formación constante en la evolución de la tecnología y las mejores prácticas en la colaboración humano-IA se convierte en un componente crítico para asegurar que los trabajadores no solo mantienen su relevancia en el mercado laboral, sino que también prosperen en un entorno impulsado por la innovación tecnológica.

A nivel organizacional, las empresas desempeñan un papel fundamental al facilitar esta transición. Deben invertir en programas de capacitación que aborden tanto los aspectos técnicos de la integración de la IA como los desafíos culturales asociados con el cambio. Fomentar una cultura que valore la colaboración entre humanos y máquinas, donde la diversidad de habilidades se vea como un activo, contribuirá significativamente a la construcción de equipos eficientes y resistentes en el nuevo panorama laboral. En última instancia, la redefinición exitosa del papel de los trabajadores en la era de la IA requiere un enfoque integral que combine la adquisición de habilidades técnicas con el desarrollo de competencias personales y profesionales necesarias para prosperar en un entorno laboral cada vez más digitalizado.

La creciente integración de la Inteligencia Artificial en el ámbito laboral destaca la importancia crítica de la ética y la responsabilidad en el desarrollo y aplicación de estas tecnologías avanzadas. Con la proliferación de decisiones automatizadas, se vuelve imperativo establecer marcos éticos sólidos que guíen el comportamiento de los sistemas de IA. La toma de decisiones automatizada puede tener impactos significativos en la vida de los individuos, desde la selección de candidatos para un empleo hasta la asignación de recursos en una empresa. Por lo tanto, la implementación responsable de la IA se convierte en un pilar esencial para garantizar resultados equitativos y éticos.

En este contexto, los trabajadores desempeñan un papel fundamental al ser conscientes de las implicaciones éticas de la tecnología que utilizan. La comprensión de los algoritmos y procesos detrás de los sistemas de IA permite a los empleados evaluar de manera crítica las decisiones automatizadas y abogar por la transparencia y equidad en su implementación. La formación en ética digital y la conciencia de los posibles sesgos inherentes en los algoritmos se convierten en componentes esenciales de la capacitación laboral, asegurando que los trabajadores estén equipados para enfrentar dilemas éticos en su uso diario de la tecnología.

Las empresas normalmente tienen establecidas políticas éticas, pero ahora tienen la responsabilidad de actualizar sus normativas para que puedan promover una cultura organizacional que valore la integridad y señale claramente la responsabilidad en el uso de la IA. Esto implica la creación de comités éticos que supervisen la implementación de la tecnología, garantizando que se adhiera a principios éticos y respete los estándares de equidad y no discriminación. La participación activa de los empleados en estos procesos éticos se puede promover creando canales de retroalimentación y mecanismos que expresen preocupaciones éticas sin temor a represalias.

La implementación ética de la IA no solo es una cuestión de conformidad normativa, sino que también contribuye a la construcción de una reputación empresarial sólida y a la generación de confianza tanto interna como externamente. Las empresas que adoptan prácticas éticas en el desarrollo y aplicación de la IA no solo cumplen con sus obligaciones morales, sino que también se posicionan como líderes en la construcción de un futuro tecnológico más ético y sostenible.

En resumen, la incorporación creciente de la Inteligencia Artificial en el entorno laboral nos plantea desafíos significativos, pero también abre múltiples oportunidades para el crecimiento y la evolución. Los trabajadores debemos adaptarnos, aprender y evolucionar para sobresalir en un mundo donde la IA juega un papel cada vez más destacado. La creatividad, la adaptabilidad y la ética se convierten en habilidades fundamentales en este nuevo paradigma laboral, donde la colaboración efectiva entre humanos y máquinas define el camino hacia el éxito.

9.2 El entorno corresponsable

Ya vimos cómo tanto las empresas desempeñan un papel crucial en administrar responsablemente esta revolución tecnológica y en especial con la masificación del uso de la IA generativa. El rol de los gobiernos es relevante, pues en este residen los poderes de administración pública en general, de gestionar las normativas del territorio y las políticas de su jurisdicción a cargo y, en especial, porque allí se maneja lo referente a la educación.

En el panorama de la disrupción tecnológica y el uso de inteligencia artificial, podemos sugerir que los gobiernos enfrentan el desafío de desempeñar un papel dual como árbitros y como facilitadores.

Como árbitros, su responsabilidad radica en analizar los escenarios actuales y venideros para establecer aquellas regulaciones que guíen la implementación, el desarrollo y por cierto el uso ético de la IA. Esto incluye la liberación de políticas pertinentes para velar por los intereses balanceados de sus miembros de su colectividad y, en algunos casos, incluso para imponer restricciones en áreas críticas como la vigilancia masiva, la aplicación militar autónoma de la IA y nuevas tecnologías relacionadas, y la definición de un marco legal e institucional que contemple la supervisión y límites a la automatización para proteger a la población y, por consecuencia, el empleo y la estabilidad económica.

En el ámbito de la regulación responsable, la privacidad de los datos, la ética en la IA y el control de armas autónomas emergen como áreas clave. Los gobiernos deben desarrollar directrices éticas y establecer regulaciones estrictas para garantizar un uso seguro y ético de la tecnología, abordando preocupaciones sobre privacidad y derechos humanos.

Los límites a la automatización, especialmente en sectores como el transporte y la industria manufacturera, se plantean como medidas para preservar empleos y facilitar una transición gradual hacia entornos laborales más automatizados. La responsabilidad legal también es esencial, y los gobiernos deben establecer marcos legales sólidos para abordar las consecuencias de decisiones perjudiciales de la IA.

Más allá de su papel como árbitros, los gobiernos también tienen el potencial de ser facilitadores del avance de la IA. La inversión en investigación y desarrollo se destaca como una herramienta clave. Asignar recursos significativos a proyectos innovadores puede catalizar avances en la IA que beneficien a la sociedad en su conjunto, impactando positivamente prácticamente la totalidad de sus sectores.

La colaboración entre el sector público y privado, respaldada por incentivos fiscales y políticas de apoyo a la innovación, emerge como una estrategia eficaz y definitivamente necesaria en la era de la inteligencia artificial (IA). Al fomentar la investigación conjunta y la aplicación de tecnologías emergentes, los gobiernos pueden potenciar el impacto positivo de la IA en diversas industrias, trascendiendo así las fronteras tradicionales entre los sectores público y privado.

Este enfoque impulsa la adopción de la IA en empresas líderes y democratiza el acceso a estas tecnologías, permitiendo que un espectro más amplio de actores, incluidas las pequeñas y medianas empresas, se beneficien de sus ventajas. Los incentivos fiscales y las políticas de apoyo a la innovación sirven como catalizadores para que las empresas inviertan en investigación y desarrollo, desencadenando un ciclo virtuoso de progreso tecnológico y crecimiento económico.

Más allá de ser una estrategia limitada a algunos actores relevantes del mundo privado, la colaboración público-privada se erige como una oportunidad para construir un ecosistema inclusivo y colaborativo. La convergencia de conocimientos y recursos entre los sectores permite abordar desafíos complejos, como la antes mencionada ética en la IA y sumar la seguridad cibernética, creando estándares y regulaciones que guíen el desarrollo responsable de estas tecnologías disruptivas.

Desde el liderazgo gubernamental, la transparencia, la rendición de cuentas y la participación ciudadana son elementos esenciales para garantizar que el progreso tecnológico beneficie a la sociedad en su conjunto. Así, la colaboración entre el sector público y privado se presenta no solo como una estrategia de vanguardia, sino como un imperativo para construir un futuro digital pero sostenible y más equitativo.

En el ámbito educativo, los gobiernos desempeñan un papel central en la preparación de la fuerza laboral para la era de la inteligencia artificial (IA). La actualización de los currículos educacionales, inversiones en programas de educación tecnológica y la promoción de la educación en toda la vida garantizan que los trabajadores adquieran habilidades necesarias. Además, es fundamental destacar la importancia de cultivar un enfoque educativo que no solo se centre en habilidades técnicas, sino que también promueva habilidades socioemocionales y cognitivas, esenciales para prosperar en un entorno laboral cada vez más dinámico y mayormente colaborativo.

En este contexto, los gobiernos pueden fortalecer la colaboración entre instituciones educativas, empresas y organismos de investigación para desarrollar programas de estudio que reflejen las demandas del mercado laboral vigente impulsado por la IA. La creación de asociaciones estratégicas entre el sector público y privado facilita la identificación de las habilidades clave necesarias y permite una adaptación ágil de los planes de estudio.

Asimismo, la inversión en infraestructuras educativas digitales y la incorporación de tecnologías de vanguardia, como la realidad virtual y aumentada, pueden transformar la forma en que se imparte la educación. Esto no solo permite lograr eficiencias en costos de educación y facilitar el acceso a la información de manera más dinámica, sino que también ofrece entornos de aprendizaje prácticos y colaborativos que simulan situaciones del mundo real.

La promoción de la educación a lo largo de toda la vida se convierte en un componente esencial en este proceso. Los gobiernos pueden implementar políticas que faciliten la reskilling y upskilling* de los trabajadores a lo largo de sus carreras profesionales. Esto no solo garantiza que la fuerza laboral se mantenga actualizada frente a los rápidos avances tecnológicos, sino que también fomenta una cultura de aprendizaje continuo que se traduce en una sociedad más adaptable y resiliente.

En conclusión, la transformación laboral impulsada por la IA demanda una gobernanza equilibrada. Los gobiernos, en su potencial dualidad, como árbitros y facilitadores, tienen la responsabilidad de forjar un camino ético y progresista en lo concreto. Su intervención estratégica no solo protege a la sociedad de posibles riesgos, sino que también impulsa la adopción positiva de la inteligencia artificial para el beneficio común en su abanico de posibilidades.

9.3 Enfrentando al Ciclo de Cambio

Después de explorar a fondo diversas situaciones y eventos, así como de analizar el comportamiento de los trabajadores y de la sociedad durante y después de las revoluciones industriales, se ha identificado un patrón común en los periodos estudiados. Este patrón, evidenciado por sus efectos asociados, se caracteriza por un ciclo, predominantemente virtuoso, que encierra un proceso social fundamental, tan relevante como el propio desarrollo de la humanidad.

Para representar de una manera sencilla este proceso o ciclo social y de las fases más representativas que lo componen y que lo podemos fundamentar en las siguientes 6 etapas:

Incertidumbre > Miedo > Análisis > Preparación > Adaptación > Desarrollo y Crecimiento

El proceso social basado en este flujo que va desde la incertidumbre hasta la superación con crecimiento, pasando por el miedo, el análisis y la adaptación, puede describirse en el contexto de las transformaciones tecnológicas que ha experimentado y continúa experimentando la sociedad frente los cambios laborales.

1. Incertidumbre:

La primera etapa de este ciclo se manifiesta con la incertidumbre generalizada en la sociedad. Este periodo inicial surge con la introducción de nuevas tecnologías, que conlleva cambios significativos y, en ocasiones, inesperados en el entorno productivo y laboral. Las personas experimentan una sensación de inseguridad, desconcierto y ansiedad, ya que se plantean preguntas acerca de cómo estas transformaciones impactarán directamente en su fuente de ingresos, su estabilidad laboral, sus modos de vida cotidianos y hasta en la configuración misma de sus comunidades.

La incertidumbre se manifiesta en diversas dimensiones, desde la preocupación por la posible pérdida de empleo hasta la adaptación a nuevas formas de trabajo y la reconfiguración de roles y responsabilidades. Además, la rapidez con la que estas tecnologías emergentes se integran en la sociedad contribuye a la sensación de desconcierto, ya que las consecuencias a largo plazo son, en muchos casos, difíciles de prever y dimensionar.

Este periodo inicial de incertidumbre refleja la naturaleza disruptiva de la tecnología en la vida diaria, generando un ambiente de cambio constante que puede resultar desafiante para la mayoría de los individuos.

2. Miedo:

La etapa del miedo surge como una consecuencia natural de la lógica inicial de la incertidumbre. A medida que la sociedad se enfrenta a los cambios tecnológicos, la magnitud de lo desconocido se traduce con frecuencia en un sentimiento más intenso: el miedo. Las personas, influenciadas por la preocupación de perder sus empleos, enfrentar verdaderos desafíos económicos o no estar debidamente preparadas para satisfacer las nuevas demandas tecnológicas, experimentan una profunda aprensión respecto al futuro.

Desde una perspectiva positiva, este miedo puede convertirse en un poderoso factor motivador para la acción. La percepción del riesgo nos impulsa a las personas a buscar soluciones, adquirir nuevas habilidades y adaptarnos a las cambiantes circunstancias. Es en esta etapa que la resistencia al cambio se transforma, en algunos casos, en una fuerza más bien impulsora para el autodescubrimiento y la mejora personal y en especial profesional.

Sin embargo, es importante destacar que la reacción ante el miedo varía considerablemente entre los individuos y más aún en función de su cultura e historia social. Mientras que algunos pueden canalizar esta emoción hacia un impulso positivo para el crecimiento personal y profesional, otros pueden experimentar parálisis o resistencia al cambio. La clave radicaría en cómo nuestra sociedad y las instituciones que la conforman abordan estos miedos, proporcionando recursos, capacitación y apoyo emocional para ayudar a las personas a superar las barreras y convertir esa ansiedad en una fuerza constructiva.

En resumen, esta fase del miedo refleja una respuesta muy emocional profunda ante las transformaciones tecnológicas, y su gestión efectiva puede marcar la diferencia entre la parálisis y la movilización proactiva hacia un futuro más prometedor.

3. Análisis:

La etapa del análisis emerge como una respuesta reflexiva y estratégica ante el miedo experimentado. Tanto a nivel individual como en el contexto colectivo de la sociedad en su conjunto, esta fase se caracteriza por un proceso de toma de conciencia más profundo respecto al alcance de las transformaciones tecnológicas en curso.

En esta etapa, el individuo y la sociedad se embarcan en un proceso de análisis y comprensión de las implicaciones que traen estos cambios. En sus distintos niveles y sectores se llevan a cabo una evaluación práctica y meticulosa de las transformaciones productivas y laborales, que van más allá de la mera percepción emocional inicial. Este análisis ya implica una acción de observar de cerca las tendencias en los sectores e industrias en aquellos medios que tienen más a mano, identificando áreas de riesgo y, especialmente, áreas de oportunidad.

A nivel individual, las personas comienzan a examinar su propio conjunto de habilidades, sus experiencias y competencias, buscando entender cómo estas se alinean con las nuevas demandas del mercado laboral. Es un periodo en el que luego de la reflexión, se valora la adaptabilidad y la disposición para adquirir nuevas habilidades. En paralelo, a nivel societal, se lleva a cabo un análisis sectorial más amplio, identificando las industrias que pueden estar en riesgo de disrupción y aquellas que presentan oportunidades emergentes. En esta fase, los sectores de poder de la sociedad y los medios comienzan a dar mayor relevancia y cobertura a la problemática y sus efectos.

Es en esta fase de análisis cuando se incluye la evaluación de las políticas gubernamentales, la infraestructura educativa y la disponibilidad de programas de capacitación. La sociedad busca entender cómo estos elementos pueden apoyar la transición efectiva hacia una economía impulsada por la tecnología. Además, se exploran y proponen estrategias para minimizar los impactos negativos y maximizar los beneficios derivados de las transformaciones tecnológicas.

En resumen, la etapa del análisis representa un punto de inflexión en la respuesta a las transformaciones, marcando el inicio de un enfoque más estructurado, informado y fundamentado en datos para abordar los desafíos y capitalizar las oportunidades que presenta el cambiante panorama laboral.

4. Preparación:

La fase de preparación representa la respuesta activa y proactiva a las conclusiones derivadas del análisis previo. Basándose en una comprensión profunda de las implicaciones de las transformaciones tecnológicas, los individuos y la sociedad se comprometen con un proceso estratégico para enfrentar los desafíos y capitalizar las oportunidades del cambiante panorama laboral.

A nivel individual, la preparación implica una serie de acciones encaminadas a adaptarse a las demandas emergentes del mercado laboral y productivo. Esto puede incluir la adquisición de nuevas habilidades relevantes y en sintonía con las necesidades del entorno laboral actual. Los individuos pueden optar por la reorientación laboral, especialmente si enfrentan el riesgo de obsolescencia en sus roles actuales. Este proceso de reinvención puede implicar la inversión en educación, capacitación y entrenamiento específico para alinearse con las áreas de oportunidad identificadas.

Además, la preparación puede traducirse en una búsqueda activa de nuevas oportunidades, ya sea a través de un reciclaje laboral o profesional. Los individuos buscan actualizar y mejorar constantemente sus habilidades a lo largo de su carrera, anticipándose a las tendencias y necesidades futuras del mercado. Esta mentalidad de aprendizaje continuo se convierte en un activo crucial para mantenerse relevantes en un entorno laboral dinámico.

Del lado del empleador, las organizaciones también se van hacia la demanda de esos roles, con mayor preparación, pues van acordes a las tendencias que impulsan sus modelos de negocios y los procesos asociados que los sustentan.

A nivel societal, la preparación implica el diseño e implementación de políticas y programas educativos que fomenten la adquisición de habilidades relevantes desde las etapas tempranas de la educación. Se promueve la colaboración entre gobiernos, instituciones educativas y empresas para garantizar una oferta de capacitación alineada con las demandas del mercado laboral.

En resumen, la etapa de preparación implica una inversión consciente en el desarrollo de habilidades, una mentalidad orientada al aprendizaje continuo y una respuesta proactiva a las oportunidades emergentes, creando así una base sólida para la próxima fase del ciclo.

5. Adaptación:

La fase de adaptación marca el punto culminante del ciclo, donde se ponen en práctica las habilidades y estrategias desarrolladas durante la preparación para hacer frente a los cambios laborales provocados por las transformaciones industriales y tecnológicas. Esta etapa es muy dinámica y representa la ejecución efectiva de la respuesta planificada ante un entorno laboral en constante evolución.

En este periodo, tanto individuos como comunidades se embarcan activamente en la búsqueda de nuevas oportunidades y ajustan sus formas de trabajo para alinearse con las tecnologías emergentes. La aplicación práctica de las habilidades adquiridas se convierte en la clave para una adaptación exitosa. La flexibilidad y la capacidad de aplicar conocimientos recién adquiridos se transforman en activos cruciales, permitiendo a las personas enfrentar los desafíos de manera efectiva.

La adaptación va más allá de la mera aplicación de nuevas habilidades técnicas; también implica la integración de enfoques más ágiles y orientados al cambio en la cultura laboral. La disposición para adoptar metodologías de trabajo más flexibles y colaborativas se vuelve esencial para maximizar la eficacia en un entorno impulsado por la innovación.

En este contexto, la resiliencia también adquiere un papel fundamental. La capacidad de adaptarse a situaciones cambiantes y aprender de forma continua se vuelve esencial para navegar con éxito en un entorno laboral caracterizado por su dinamismo. La adaptación no solo se trata de ajustar habilidades, sino también de desarrollar una mentalidad que abrace el cambio como una oportunidad para el crecimiento y la mejora constante.

Al igual que las fases previas, esto no ocurre de la noche a la mañana, sino que toma tiempo en madurar e ir permeando. Si bien para un individuo puede representar varios meses el alcanzar desarrollo en su preparación y adaptación para ver los resultados, para una sociedad toma años poder lograr avances tangibles en este sentido. Además, la adaptación no es un proceso estático; es continuo y requiere de una retroalimentación constante. Como en un organismo vivo, la capacidad de evaluar y ajustar estrategias a medida que evolucionan las tecnologías y se avanza en cubrir las demandas del mercado laboral es crucial para mantenerse relevante y competitivo a lo largo del tiempo.

6. Desarrollo y Crecimiento:

La fase de Desarrollo y/o Crecimiento generalmente marca el apogeo del ciclo de respuesta a las transformaciones tecnológicas e industriales. A medida que la sociedad se adapta con éxito a los cambios iniciales, se desencadena un periodo de expansión y evolución significativos en diversos aspectos.

En esta etapa, las personas no solo aplican con éxito las habilidades adquiridas durante el proceso de adaptación, sino que también identifican y aprovechan nuevas formas de empleo que surgen en respuesta a las demandas de un entorno laboral en constante transformación. Este ajuste, aparte de impulsar la creación de empleos, también da origen a la aparición de nuevas industrias y modelos de negocios relacionados con la tecnología, generando un efecto multiplicador en la economía.

La expansión económica resultante contribuye a la movilidad laboral y social, a la mejora del nivel de vida de las personas y al bienestar general de la sociedad. El aumento en la demanda de habilidades especializadas y la creación de oportunidades laborales innovadoras no solo benefician a los individuos directamente involucrados en el ámbito tecnológico, sino que también generan efectos e impactos positivos en otros sectores relacionados.

Finalmente, este periodo de crecimiento no se limita solo al ámbito económico, ya que colateralmente y después de alcanzar una madurez lógica, también abarca avances sustanciales en la educación, la salud y otros aspectos fundamentales. Aunque no sea fácil de percibir, por la vorágine de vida que uno experimenta como trabajador o productor, la sociedad, al capitalizar las oportunidades presentadas por las transformaciones tecnológicas, mejora su estructura y cómo sus miembros interactúan y contribuyen al progreso colectivo.

En última instancia, el desarrollo y el crecimiento que surgen de la adaptación exitosa a las transformaciones industriales y tecnológicas reflejan la capacidad de nosotros como individuos y de nuestra sociedad para evolucionar positivamente, consolidando los beneficios económicos y también impulsando las mejoras holísticas en la calidad de vida. Sin embargo, es crucial reconocer que este período de crecimiento es dinámico y continuamente influenciado por la innovación constante. Con los cambios venideros, nuevos desafíos y oportunidades surgirán, reactivando el flujo de este ciclo y llevando a la sociedad hacia nuevas fases de adaptación y desarrollo.

Tras revisar los hechos, similitudes y aprendizajes de anteriores procesos de revoluciones industriales y transformaciones, y comenzar a entender cómo nos impactará en gran parte el desarrollo de la Inteligencia Artificial, la pregunta es ¿en qué etapa nos encontramos entonces?

Cada lector podrá y tendrá que cuestionarse según su realidad productiva o laboral, considerando su sector, situación geopolítica y su nivel ocupacional, en qué medida está siendo afectado, o amenazada dadas actuales y futuras transformaciones tecnológicas que impactan las funciones o rol en su industria.

Como se mencionó al principio de la obra, se espera que este libro sirva como punto de partida o complemento para su reflexión y debate. Su objetivo es ayudarnos a comprender los desafíos de nuestros roles profesionales y laborales, y a buscar soluciones y alternativas oportunamente, buscando encontrar un equilibrio adecuado entre el avance tecnológico y nuestros empleos. Una parte significativa de ese futuro ya está ocurriendo, y está en cada uno de nosotros la responsabilidad de abordarlo de la manera más activa posible y sacar el debido provecho para el bienestar propio y de avance para nuestra humanidad.

Referencias:

Esta obra es producto de aproximadamente 3 años de investigación en múltiples medios, tanto impresos como virtuales, sobre los cambios en el entorno laboral, índices de empleabilidad y desempleo en el mundo, principalmente en occidente (América y Europa), sumado a contenido basado en más de 20 años de experiencia en el campo de las tecnologías de la información, software y telecomunicaciones para el sector empresarial en sus diversos segmentos e industrias verticales.

En el mismo sentido y para complementar la información con hechos y fechas, se consultó bibliografía enciclopédica y otras de referencias históricas, como lo son:

Ashton, T. S. (1959). La Revolución Industrial, 1760-1830

Toynbee, Arnold (2013). The Industrial Revolution

Berg, Maxine (1987). La era de las manufacturas 1700-1820.

Glosario

Algoritmo: Conjunto de reglas y pasos definidos para realizar una tarea específica.

Automatización: Implementación de sistemas automáticos o maquinaria para realizar tareas sin intervención humana directa.

Brecha Digital: Desigualdad en el acceso y uso de tecnologías digitales entre regiones o comunidades.

Catalizador: Agente o factor que acelera o impulsa un cambio o una reacción.

Chat GPT: Modelo de lenguaje basado en inteligencia artificial con capacidad de generar respuestas coherentes.

Ciberataques: Acciones maliciosas que comprometen la seguridad de sistemas informáticos.

Ciberseguridad: Prácticas y medidas para proteger sistemas informáticos y redes de ataques.

Codificación Morse: Sistema de representación de letras y números mediante puntos y rayas para establecer comunicación.

Conectividad Global: Capacidad de estar interconectado a nivel mundial, generalmente gracias a las tecnologías de la información y la comunicación.

Convergencia Tecnológica: Integración y sinergia entre diferentes campos de la ciencia y la tecnología.

Democratización: Acceso generalizado y no restringido a algo, en este contexto, la informática.

Desempleo Tecnológico: Posible interrupción del mercado laboral y pérdida de empleos debido a la automatización, uso de la inteligencia artificial y otras tecnologías avanzadas.

Desigualdad Económica: Brechas significativas en la distribución de ingresos y recursos económicos entre diferentes grupos de la sociedad.

Desplazamiento Laboral: Cambio o reubicación de trabajadores debido a cambios en la industria o en las demandas del mercado laboral.

Digitalización: La digitalización es un proceso integral que implica la conversión de información y procesos analógicos a un formato digital, representado por dígitos. Este fenómeno abarca una variedad de contextos y sectores, transformando la manera en que interactuamos, almacenamos y compartimos datos.

Economía del Conocimiento: Modelo económico donde el valor se genera a partir de datos y la capacidad de interpretarlos.

Eficiencia: Capacidad de realizar una tarea o actividad de manera óptima y sin desperdiciar recursos.

Evolución Tecnológica: Proceso continuo de desarrollo y cambio en las tecnologías que afecta la forma en que las personas trabajan.

Gobernanza: Proceso de establecer estructuras, normas y políticas para dirigir y controlar el desarrollo y uso de la IA de manera ética y responsable.

Habilidades Blandas: Competencias no técnicas, como resolución de problemas, creatividad e inteligencia emocional.

IA Conversacional: Área de la IA que se centra en sistemas capaces de mantener interacciones humanas mediante el procesamiento del lenguaje natural.

Implementar: Poner en práctica o llevar a cabo una acción o plan.

Imparcialidad: La cualidad de ser justo y no mostrar favoritismo hacia ninguna persona o grupo en particular.

Innovación: Introducción de algo nuevo, como ideas, métodos o tecnologías, que produce cambios significativos.

Integración: Proceso de incorporación gradual de la IA en diferentes aspectos de la vida cotidiana o en distintas industrias.

Inteligencia Artificial (IA): Capacidad de las máquinas para realizar tareas que normalmente requieren inteligencia humana.

Inteligencia Emocional: Capacidad de comprender y gestionar las emociones propias y de los demás.

Interacción Social: Cambios en la forma en que las personas se comunicaban y se relacionaban debido al telégrafo.

Internet de las Cosas (IoT): Concepto que se refiere a la interconexión de dispositivos físicos mediante internet para compartir datos.

Logística: Gestión eficiente de la organización, almacenamiento y transporte de bienes y recursos.

Machine Learning (Aprendizaje Automático): Enfoque de la IA que permite a las máquinas mejorar su rendimiento en tareas específicas a través de la experiencia y el análisis de datos.

Marco Regulatorio: Conjunto de leyes, normativas y directrices establecidas para controlar y supervisar el funcionamiento de la IA.

Nanotecnología: Manipulación de la materia a nivel de átomos y moléculas con aplicaciones en diversos campos.

Percepción Computacional: Capacidad de las máquinas para interpretar y comprender el entorno mediante el análisis de datos visuales o sensoriales.

Plataformas de Descarga en Línea: Servicios en línea que permiten la descarga y acceso a software, aplicaciones u otros contenidos digitales.

Procesamiento del Lenguaje Natural (PLN): Campo de la IA que se centra en la interacción entre las computadoras y el lenguaje humano.

Programadores y Desarrolladores: Profesionales que crean y mejoran software, escribiendo código de programación.

Reconversión Laboral: Proceso de adquirir nuevas habilidades o cambiar de carrera para adaptarse a las nuevas demandas del mercado laboral.

Red Global de Comunicaciones: Internet: Red mundial de computadoras interconectadas que permite la transmisión de datos y el acceso a información en todo el mundo.

Robótica Avanzada: Desarrollo de robots o sistemas robóticos con capacidades más complejas para su desempeño en funciones muy específicas.

Sesgo: Tendencia sistemática o prejuicio hacia ciertas ideas, grupos o individuos.

Sistema Operativo: Programa que gestiona los recursos de hardware y proporciona servicios a otros programas de aplicación en una computadora.

Tecnología de la Información (TI): Conjunto de tecnologías relacionadas con el procesamiento, almacenamiento y transmisión de información.

Test de Turing: Evaluación propuesta por Alan Turing para medir la capacidad de una máquina para exhibir un comportamiento inteligente indistinguible del humano.

Tiendas de Aplicaciones: Plataformas en línea que ofrecen programas y aplicaciones para su descarga e instalación en dispositivos electrónicos.

Toma de Decisiones Autónoma: Capacidad de los sistemas de IA para tomar decisiones sin intervención humana directa, basadas en algoritmos y análisis de datos.

Transformadores Generativos Pre-entrenados: Modelos de inteligencia artificial, como Chat GPT, entrenados previamente en una amplia variedad de datos y conocimientos.

Telégrafo: Sistema de comunicación que utilizaba señales eléctricas para transmitir mensajes a larga distancia a través de cables.

www.ingramcontent.com/pod-product-compliance
Lightning Source LLC
Chambersburg PA
CBHW052258220526
45471CB00001B/395